100 RECEITAS SAUDÁVEIS

# PRATOS COM BAIXO TEOR DE SAL

# 100 RECEITAS SAUDÁVEIS
# PRATOS COM BAIXO TEOR DE SAL

Opções apetitosas para controlar a pressão e combater os problemas cardíacos

CHRISTINE BAILEY

PUBLIFOLHA

*The Top 100 Low-Salt Recipes* foi publicado no Reino Unido e na Irlanda em 2008 pela Duncan Baird Publishers Ltd. 75-76 Wells Street, 6º andar, Londres W1T 30H.



COORDENAÇÃO DO PROJETO: PUBLIFOLHA
Coordenação editorial: Camila Saraiva
Assistência editorial: Nina Bandeira
Coordenação de produção gráfica: Soraia Pauli Scarpa
Assistência de produção gráfica: Mariana Metidieri

PRODUÇÃO EDITORIAL: ESTÚDIO SABIÁ
Edição: Silvana Salerno
Tradução: Elvira Serapicos
Preparação de texto: Célia Regina Rodrigues de Lima
Revisão: Hebe Lucas, Bruno SR
Editoração eletrônica: Pólen Editorial

*Consulte um médico antes de iniciar qualquer tratamento mencionado neste livro. Se você está amamentando, tem restrições alimentares, alergia ou qualquer doença, consulte o médico antes de seguir os conselhos e as receitas deste livro.*

Dados Internacionais de Catalogação na Publicação (CIP)
(Câmara Brasileira do Livro, SP, Brasil)

Bailey, Christine
Pratos com baixo teor de sal / Christine Bailey ; [tradução Elvira Serapicos]. – São Paulo : Publifolha, 2009. – (100 receitas saudáveis)

Título original: The top 100 low salt recipes.
ISBN 978-85-7914-091-4

1. Coração – Doenças – Dietoterapia – Receitas 2. Dieta com baixo teor de sal – Receitas I. Título. II. Receitas.

09-06717 CDD 641.56323

Índices para catálogo sistemático
1. Receitas com baixo teor de sal : Culinária 641.56323

A grafia deste livro segue as regras do
**Novo Acordo Ortográfico da Língua Portuguesa.**

**PUBLIFOLHA**
Divisão de Publicações do Grupo Folha
Al. Barão de Limeira, 401, 6º andar
CEP 01202-900, São Paulo, SP
Tel.: (11) 3224-2186/ 2187/ 2197
www.publifolha.com.br

**Agradeço a todos da Duncan Baird Publishers, especialmente a Grace, pela ajuda durante a produção deste livro. Muito obrigada ao meu maravilhoso marido, Chris, e a nossos filhos, Nathan, Isaac e Simeon, por seu apoio, estímulo e paciência para testar todas as receitas.**

EDIÇÃO ORIGINAL: DUNCAN BAIRD PUBLISHERS
Gerente editorial: Grace Cheetham
Editora: Nicole Bator
Editor de arte: Daniel Sturges
Projeto gráfico: Sue Bush
Fotos especiais: Simon Scott
Estilista culinária: Mari Mererid Williams
Produção fotográfica: Helen Trent
Fotos de capa: Simon Smith e Toby Scott/Duncan Baird Publishers

**Observações sobre as receitas**
(exceto se orientado de outra forma):

- Use ovos, frutas e legumes médios
- Use manteiga sem sal e ingredientes frescos, incluindo as ervas
- 1 colher (chá) = 5 ml; 1 colher (sopa) = 15 ml; 1 copo = 250 ml

Os símbolos são usados para identificar até mesmo pequenas quantidades de um ingrediente, como o símbolo de sementes para o óleo de girassol. Os laticínios neste livro podem incluir leite de vaca, cabra ou ovelha. O símbolo vegetariano é dado a receitas que usam queijo vegetariano. Sugerimos confirmar a informação no rótulo do produto, antes de comprá-lo, pois as marcas apresentam variações. Somente os alimentos identificados devem ser dados a pessoas com alergias ou intolerância a algum alimento.

# sumário

# SÍMBOLOS

**Vegetarianas:** Receitas que não contêm ingredientes de origem animal. Devido ao alto teor de potássio, podem melhorar o equilíbrio mineral e reduzir a pressão sanguínea. Verifique os rótulos para ter certeza de que os queijos são próprios para vegetarianos.

**Contém laticínios:** Em pessoas alérgicas, os laticínios podem causar sintomas semelhantes à asma, dores abdominais e eczema. Experimente alternativas com baixo teor de sal como queijos e leite de soja ou iogurtes.

**Contém ovos:** Experimente usar 25-50 gramas de tofu amassado com um pouco de água ou 1 colher (sopa) de araruta com 3 colheres (sopa) de água para cada ovo.

**Contém glúten:** A intolerância ao glúten, proteína presente no trigo, no centeio, na cevada e na aveia, pode causar inflamação, distúrbios digestivos e outros problemas. Milho, quinua, arroz, painço e trigo-sarraceno não contêm glúten.

**Contém frutas oleaginosas:** Substitua as sementes sem sal por oleaginosas.

**Contém sementes:** Ignore as sementes ou use frutas secas ou aveia. Substitua as sementes oleosas por azeite.

**Contém açúcar**: O agave, a frutose e o xilitol adoçam sem elevar os níveis de açúcar no sangue.

**Contém trigo:** Arroz, milho, trigo-sarraceno, quinua, cevada, centeio e painço são alternativas. Há também farinhas sem glúten e pães sem trigo – cheque o teor de sal, pois ele pode variar entre as marcas.

# INTRODUÇÃO

Apreciar uma refeição saudável e caseira com a família e os amigos é um dos maiores prazeres da vida. Mas, no mundo acelerado em que vivemos, parece mais fácil usar o micro-ondas ou fazer um pedido por telefone do que preparar o jantar. Com tantos alimentos prontos e práticos, é uma tentação colocar vidros, latas e pacotes no carrinho do supermercado em vez de comprar produtos frescos. Os *fast-food* também são prejudiciais: em vez de nutrirem o organismo, podem causar danos à saúde, em especial devido à quantidade excessiva de sódio que contêm. Estamos cada vez mais conscientes de que é preciso controlar a ingestão de sal – e por um bom motivo. O consumo exagerado de sal pode elevar a pressão sanguínea, aumentar o risco de doenças cardíacas e derrames e levar a outros problemas de saúde, como certos tipos de câncer, doenças nos rins e osteoporose. Mas a maioria das pessoas consome muito sal. Estima-se que, em média, os adultos consumam até 12 gramas de sal por dia, mais do que o dobro da recomendação máxima diária de 5 gramas por dia – cerca de 1 colher (chá) – sugerida pela Organização Mundial da Saúde.

Para muitas pessoas, a redução do sal equivale a uma comida sem gosto ou a horas na cozinha para fazer uma receita complicada. Mas, com compras inteligentes e a ajuda das 100 receitas deste livro, você vai descobrir como a comida com baixo teor de sal pode ser saborosa.

## OS OBJETIVOS DESTA OBRA

Este livro foi criado para inspirar você a preparar receitas com pouco (ou nenhum) sal e ingredientes nutritivos. Para compensar a falta do sal, você aprenderá a usar ervas e temperos saborosos, de forma a criar refeições saudáveis que podem ser apreciadas todos os dias. Há receitas para cafés da manhã, almoços, chás, lanches e jantares. E também ideias irresistíveis de pratos principais, acompanhamentos e sobremesas para compor um cardápio diário ou uma refeição especial para os amigos. Muitas receitas são rápidas e fáceis de preparar; outras podem ser montadas com antecedência.

Todos os pratos foram criados para aproveitar ao máximo os sabores dos ingredientes integrais, frescos e de boa qualidade. Você encontrará inspiração do mundo todo, com o uso de produtos da Ásia, como capim-cidreira e gengibre, do Oriente Médio, como calda de romã, e da América do Sul, como pimentas e pimentões.

Muitas pessoas seguem uma dieta com pouco sal para manter a pressão sob controle ou para melhorar a saúde em geral e ter boa disposição. Para proporcionar os nutrientes essenciais com baixos teores de açúcar e gordura saturada, estas receitas utilizam frutas e legumes superfrescos, óleos bons para o coração e carnes e peixes magros.

As receitas não levam sal. De vez em quando, são usados ingredientes que têm sal, como pão, mas cada receita possui menos de 0,35 grama de sal por porção. Leia os rótulos dos alimentos cuidadosamente para encontrar as melhores versões dos alimentos que contêm sal.

## O QUE É SAL?

Sal é o nome comum do cloreto de sódio, e o excesso de sódio é extremamente prejudicial à saúde.

Nosso organismo precisa do sódio em pequenas quantidades, pois ele mantém o equilíbrio dos líquidos, ajuda a transmitir os impulsos nervosos e auxilia na contração e relaxamento dos músculos. Os rins ajudam a regular os níveis de sódio no organismo – se estão altos, o excesso de sódio é excretado pela urina. Quando a ingestão de sal é muito alta, os rins não conseguem eliminar todo o excesso e ele começa a se acumular no sangue. Isso provoca a retenção de líquidos e o aumento da pressão sanguínea, que pode levar a vários problemas de saúde.

## EFEITOS DO SAL NA SAÚDE

São fortes as evidências de que o alto consumo de sal acarreta o aumento da pressão e causa danos ao coração. O sal causa retenção de água no corpo, e o excesso de líquido aumenta a pressão no sangue, causando a hipertensão que pode desencadear problemas de saúde a longo prazo.

As pessoas com pressão alta correm três vezes mais risco de desenvolver doenças cardíacas e derrames. A pressão alta é responsável por 60% dos derrames e 50% das doenças cardíacas. Estima-se que a redução do consumo de sal a 6 gramas por dia, aliada a um estilo de vida mais saudável, possa reduzir o risco de ataques cardíacos em 18% e de derrames em 24% em todo o mundo. Isso equivale a evitar cerca de 2,6 milhões de mortes por ano. O alto consumo de sal também eleva o risco de ter certos tipos de câncer, doenças nos rins, obesidade, retenção de líquidos e ataques de asma. Pode ocasionar ainda um aumento da quantidade de cálcio eliminada na urina, o que contribui para a osteoporose e, consequentemente, para o aumento do risco de fraturas.

Não só os adultos são afetados pelo uso excessivo de sal. As crianças também o consomem muito, o que pode vir a causar doenças mais tarde. Pesquisas indicam que meninos com idades entre 4 e 6 anos estão consumindo 5,2 gramas de sal por dia – mais de 70% acima do máximo recomendado. As meninas do mesmo grupo consomem 4,6 gramas por dia – mais de 50% acima do máximo recomendado. As refeições congeladas, os alimentos processados e os salgadinhos, biscoitos, doces e refrigerantes são responsáveis pelo excesso de sal.

Não pense que outros tipos de sal são mais saudáveis – sal grosso e sal marinho são apenas duas formas diferentes do sal refinado. O sal condimentado, com alho e cebola, também deve ser evitado. Atualmente é possível encontrar sal com teor reduzido de sódio; seu sabor é um pouco diferente do tradicional sal marinho e contém alto índice de potássio. Se tiver problemas de coração ou rins, é melhor consultar um médico antes de usar esses produtos devido aos altos níveis de cloreto de potássio.

Muitas pessoas erroneamente acreditam que precisamos de mais sal com o tempo quente ou quando fazemos muito exercício devido à perda pela transpiração. Na verdade, é a água que precisa ser reposta. O corpo é capaz de fazer ajustes e pode sobreviver facilmente com 1 grama de sal por dia. As cãibras musculares normalmente são um sinal de desidratação, e não de falta de sal, por isso lembre-se de beber bastante água, especialmente nos dias quentes ou antes, durante e depois de fazer exercícios.

## PRINCIPAIS FONTES DE SAL

Lanches e pratos prontos, assim como a comida de restaurantes e lanchonetes, podem ter bastante sal, mas 80% do sal da nossa dieta vem dos alimentos processados e embalados que usamos em casa. Alimentos básicos como pães, queijos e cereais matinais, além de molhos, sopas, condimentos como ketchup e maionese e até mesmo pudins, bolos e biscoitos, podem contribuir bastante para o consumo de sal, especialmente

# ALIMENTOS COM ALTO TEOR DE SAL

Estes alimentos normalmente têm bastante sal/sódio. Verifique os rótulos, pois as marcas podem ter variações. Procure adquirir as versões com menos sal.

**Carne, peixe e frutos do mar**

Linguiça, pãezinhos recheados com salsicha
Carnes defumadas, salame, toucinho, carnes salgadas
Presunto, principalmente o cru
Peixes defumados, como salmão e truta
Alimentos prontos à base de peixe
Pastas ou patês de peixe; alici

**Laticínios**

Queijos duros e semiduros como cheddar, parmesão, pecorino, gouda, edam, queijo de coalho, feta e queijos defumados
Queijos macios, como cottage (especialmente os temperados), e pastas
Pastas e manteiga salgada

**Condimentos**

Maionese, molho de tomate, mostarda, ketchup, picles, shoyu, missô; molhos para salada, teriyaki, barbecue
Temperos prontos em pó, granulados e em cubos, extratos de levedura
Sais temperados, com alho, cebola ou aipo

**Pães, biscoitos, doces e cereais matinais**

Pães, especialmente os com sabor; pão sírio, bagels, broas, brioches, torradas, croissants
Cereais matinais
Biscoitos doces e salgados
Pães doces, folhados e muffins
Sobremesas, tortas e bolos prontos
Coberturas e misturas para bolos e tortas

**Enlatados**

Alcaparras
Alici
Azeitonas
Peixe ou legumes em salmoura
Sopas
Molhos
Macarrão pronto

**Salgadinhos e bebidas**

Batatas chips, biscoitos de queijo, cream crackers e frutas oleaginosas salgadas
Sanduíches prontos, batatas fritas, hambúrgueres, tortas, pizzas, quiches e pudins prontos
Pratos prontos, como massas, comida chinesa e indiana
Achocolatados; sucos de tomate e legumes; muitas bebidas gasosas

se forem usados diariamente. Um molho teriyaki típico pode ter até 2 gramas de sal por colher (sopa), ou seja, ⅓ do consumo diário recomendado para um adulto; a mostarda de Dijon chega a ter até 1 grama por colher (sopa).

## MUDE PARA UMA DIETA COM BAIXO TEOR DE SAL

Fazer uma dieta com baixo teor de sal não significa que você terá de comer comida sem gosto. Na verdade, sal demais pode mascarar o sabor do alimento. Quando começar a reduzir a quantidade de sal, você passará a descobrir toda uma gama de sabores excitantes. Você também terá de preparar seus próprios pratos e se concentrar na qualidade dos ingredientes – o que será benéfico para a saúde como um todo.

Ajuste seu consumo gradualmente: em geral, as papilas gustativas levam de três a quatro semanas para se adaptar a menos sal.

### NÍVEIS DE SAL – ALTO ou BAIXO?

Escolha alimentos que tenham baixo teor de sal ou sódio por 100 g. A tabela abaixo mostra os níveis de sódio e de sal em cada 100 g de alimento. Lembre-se de considerar o tamanho das porções. Extratos de levedura, por exemplo, têm alto teor de sódio, mas uma porção média tem só 4 g, que contém 0,2 g de sódio (0,5 g de sal).

| Teor de sal | Quantidade de sódio em gramas por 100 g | Quantidade de sal em gramas por 100 g |
|---|---|---|
| ALTO | mais de 0,5 g | mais de 1,25 g |
| MÉDIO | 0,1-0,5 g | 0,25-1,25 g |
| BAIXO | menos de 0,1 g | menos de 0,25 g |

## LEIA OS RÓTULOS

Os rótulos dos alimentos podem ser um campo minado, especialmente no que diz respeito à quantidade de sal. Os alimentos processados relacionam os principais ingredientes por ordem de peso. Embora o sal seja muito leve e talvez por isso às vezes apareça no fim da lista de ingredientes, o produto ainda pode conter uma quantidade de sal elevada, por isso verifique também as informações nutricionais.

Os rótulos normalmente relacionam a quantidade de sódio do produto em vez da quantidade de sal (cloreto de sódio). Isso pode confundir. Um grama de sódio equivale a 2,5 gramas de sal, por isso é só multiplicar. As batatas chips, por exemplo, costumam ter 0,57 grama de sódio por 100 gramas, o que equivale a 1,43 grama de sal.

Preste atenção em todos os ingredientes que contêm a palavra sódio, pois isso indica que o produto tem alta quantidade de sódio. Esses ingredientes podem aparecer em uma grande variedade de alimentos e incluem aditivos como glutamato monossódico (potencializador de sabor), nitrato de sódio (conservante), bicarbonato de sódio (agente de aumento) e sacarina de sódio (adoçante).

## TÉCNICAS DE COZIMENTO

Experimente diferentes métodos de cozimento para ajudar a conservar os sabores naturais do alimento. Para preparar legumes, carne e peixe de forma simples, você pode refogá-los. Temperos e ervas, frutas, vinhos, vinagre e óleos temperados podem transformar um prato familiar em uma sensação de sabores. Se você gosta de shoyu, experimente tamari, uma versão sem trigo que costuma ter menos sal do que o shoyu.

Refogar, assar ou grelhar a carne ou o peixe antes de acrescentá-los ao prato são boas maneiras de concentrar os sabores e permitir que os açúcares naturais se caramelizem, criando um sabor mais rico e mais doce. Use marinados sem sal e temperos em pó – eles não só dão sabor, mas também conservam a umidade do alimento enquanto cozinha.

O vapor, outro método de cozimento rápido e saudável, evita que os legumes fiquem muito encharcados e percam sabor e nutrientes valiosos. O peixe fica maravilhoso no vapor – envolva-o em folhas de alface, folhas de uva ou papel-manteiga para preservar os sumos. Você pode também colocar algumas fatias de limão, ervas frescas ou temperos mais exóticos para criar sabores excitantes.

## DICAS PARA REDUZIR O CONSUMO DE SAL

- Esqueça o saleiro. Tire-o da mesa e não coloque sal antes de experimentar a comida.
- Use legumes frescos ou congelados e aves frescas, peixe e carne magros.
- Utilize menos sal ao cozinhar. Você pode diminuir ou até eliminar o sal da maioria das receitas sem afetar o sabor.
- Evite alimentos "instantâneos" e "temperados", processados e embalados.
- Prefira enlatados em conserva na água. Evite as salmouras, os curados e defumados.
- Faça seus próprios lanches saudáveis, como pipoca temperada com canela ou refeições com sementes e nozes sem sal.
- Substitua os cereais matinais com alto teor de sal por mingau, granola e müsli caseiros (pp. 27-29).
- Faça seu próprio caldo (p. 18) ou reserve a água dos legumes cozidos no vapor para usar como caldo.
- Utilize azeite e manteiga sem sal.
- Faça seus próprios marinados, molhos de pimenta, misturas de temperos e molhos para saladas.
- Use vinho e suco de frutas para acrescentar umidade e sabor aos alimentos.

- Coma mais frutas e legumes – ricos em potássio, podem ajudar a equilibrar os níveis de sódio do corpo.
- Tempere a comida com ervas e temperos frescos e secos.
- Leia os rótulos dos alimentos, principalmente dos básicos, como pães e cereais; o teor de sal varia de acordo com as marcas.

## COMO O POTÁSSIO PODE AJUDAR?

A redução do consumo de sódio é só uma parte da luta. Além do sódio, outros sais minerais importantes são o potássio e o magnésio. Para ter uma boa saúde, é preciso que haja um equilíbrio desses minerais no organismo. O potássio e o sódio estão intrinsecamente relacionados e atuam juntos para manter o equilíbrio de água e os impulsos nervosos e musculares adequados. Quanto maior o consumo de sódio, maior a necessidade de potássio para manter o equilíbrio. Sódio em excesso com pouco potássio pode levar a doenças cardiovasculares, câncer e retenção de água. As melhores fontes de potássio são as frutas e os legumes (ver a lista abaixo).

### ALIMENTOS RICOS EM POTÁSSIO

A maioria das frutas e dos legumes é rica em potássio, por isso devemos consumir pelo menos cinco porções por dia (o ideal é sete). A seguir, algumas das melhores opções:

- Abacate
- Aipo
- Aspargos
- Banana
- Batata
- Erva-doce
- Figos e damascos, frescos ou secos; ameixa seca
- Verduras de folhas escuras, como agrião, brócolis, couve, espinafre, rúcula
- Melão
- Papaia
- Pepino

# COMPRAS INTELIGENTES

Se o preparo de comidas saborosas sem sal pode parecer inconcebível, a organização e o planejamento antecipados facilitam sua execução. O primeiro passo é manter a cozinha bem abastecida. A lista a seguir é um bom ponto de partida. Você encontrará ingredientes com teor de sódio muito baixo, assim como alimentos saudáveis, ervas e temperos frequentemente usados nas receitas deste livro. A maioria pode ser adquirida em bons supermercados ou lojas de produtos naturais.

**Alimentos refrigerados**

- Ervas frescas
- Frutas e legumes frescos
- Iogurtes: natural, de leite de cabra ou ovelha ou iogurte de soja
- Leite: semidesnatado ou desnatado; ou alternativas sem lactose, como leite de soja ou aveia
- Manteiga de qualquer tipo sem sal, rica em ômega-3 e gorduras ômega-6
- Oleaginosas e sementes sem sal; conserve na geladeira para manter o frescor
- Ovos: de preferência orgânicos e enriquecidos com ômega-3
- Peixe fresco, frango e carne magra
- Queijos: variedades com pouco sal, como ricota, queijo branco sem sal, queijo de cabra, mussarela, gruyère, emmenthal, cream cheese
- Sucos de frutas, como de uva e de laranja, para temperar
- Tofu: firme ou macio – evite as versões defumadas

**Despensa**

- Arroz basmati, macarrão integral, macarrão com ovos
- Aveia, bolos de aveia com baixo teor de sal, centeio e cevada em flocos, farelo de trigo
- Azeite extravirgem, óleo de cânhamo ou óleo de linhaça (de uso culinário)
- Chocolate preto de boa qualidade
- Ervas e temperos secos
- Fundos de alcachofra marinados em azeite ou água
- Extrato de baunilha, água de rosas
- Farinha integral, trigo-sarraceno, farinha de arroz e misturas de farinha sem glúten
- Mel, melado, frutose
- Molho de pimenta e molho de tomate com pouco sal
- Pães com pouco sal, pão sírio, biscoitos de água, bolo simples
- Peixe em conserva na água ou no azeite
- Pimentões vermelhos assados no azeite
- Quinua, painço, cevada, trigo-sarraceno
- Shoyu light (com pouco sal), saquê mirin, tamari (shoyu sem trigo)
- Tahine (pasta de gergelim)
- Vinho e bebidas (para cozinhar)

## AS RECEITAS DESTE LIVRO

Usamos azeite no preparo das receitas. Por ser gordura monoinsaturada, sofre menos danos com o aquecimento, que pode transformar o óleo em gordura trans. O óleo de coco também é excelente para cozinhar, pois não aumenta o colesterol nem produz as prejudiciais gorduras trans.

Algumas receitas pedem um pouco de açúcar ou mel. A frutose é uma alternativa natural que não aumenta os níveis de açúcar no sangue da mesma maneira que o açúcar comum. Também tem menos calorias. O xilitol e o xarope de agave também são excelentes substitutos naturais para o açúcar e não têm efeito negativo sobre os níveis de açúcar. Podem ser encontrados em lojas de produtos naturais e nos bons supermercados.

Sempre que possível, escolha alimentos da estação ou compre o máximo de produtos orgânicos que seu orçamento permitir – especialmente carne e laticínios. Os produtos da estação são mais frescos, contendo nutrientes vitais e todos os sabores naturais, o que torna mais fácil esquecer o saleiro.

## DIETAS ESPECIAIS

Todas as receitas trazem um esclarecimento sobre os benefícios à saúde, assim como sugestões que permitem criar um lanche ou uma refeição nutricionalmente equilibrados. Elas foram criadas para toda a família, facilitando o planejamento das refeições.

Os vegetarianos, os alérgicos ou sensíveis ao glúten, trigo, laticínios, ovos, oleaginosas, sementes ou açúcares, encontrarão grande variedade de receitas saudáveis e deliciosas para atender a suas necessidades – sem a preocupação com reações indesejáveis.

Confira os símbolos no alto de cada receita para ter a informação imediata.

## ANTECIPE O PREPARO

Para fazer refeições deliciosas em alguns minutos, prepare alguns itens básicos com antecedência. Os caldos e os molhos de tomate e de pimentão também podem ser congelados.

### Vinagrete oriental

Este molho aromático fica delicioso em saladas ou acompanhando carnes e peixes.

*Rendimento: 135 ml*

*Preparo: 10 minutos*

**1 dente de alho picado**
**1 pimenta vermelha sem sementes picada**
**1 folha de erva-cidreira picada**
**1 colher (chá) de gengibre picado**
**2 colheres (sopa) de molho de peixe tailandês**
**2 colheres (sopa) de mel**
**4 colheres (sopa) de suco de limão**
**pimenta moída na hora**

**1** Coloque todos os ingredientes no liquidificador, tempere com pimenta e bata.

### Caldo de legumes caseiro

Mude os legumes desta receita de acordo com o que você tiver e com a estação. Reserve a água do cozimento no vapor – dá um ótimo caldo básico.

*Rendimento: 1 litro*

*Preparo + Cozimento: 10 + 45 minutos*

**1 cebola fatiada**
**2 cenouras fatiadas**
**2 alhos-porós fatiados**
**2 talos de aipo picados com as folhas**
**2 folhas de louro**
**ramos de salsa**
**buquês de brócolis**

**1** Coloque todos os ingredientes em uma panela grande e cubra com água fervente. Deixe ferver de novo, abaixe o fogo e cozinhe por 35-40 minutos até ficarem macios.

**2** Escorra o caldo em uma peneira e descarte os legumes. Deixe esfriar. Cubra e conserve na geladeira.

## Pimentões assados

Os pimentões assados são deliciosos e muito fáceis de preparar. Podem ser servidos como entrada, antepasto, em saladas, wraps, pizzas ou macarrão. Para variar e dar mais colorido, prepare pimentões verdes e amarelos da mesma maneira.

*Rendimento: 4 porções*

*Preparo + Cozimento: 5 + 15 minutos*

**4 pimentões vermelhos sem sementes cortados no meio**

**1** Preaqueça o forno em temperatura alta. Coloque os pimentões em uma assadeira com o lado cortado para baixo. Asse por 15 minutos, ou até que a pele esteja preta.

**2** Ponha os pimentões numa tigela, cubra com filme de PVC e deixe esfriar.

**3** Retire a pele.

## Molho de tomate

Este molho é uma ótima base para refogados, cozidos e molho de macarrão.

*Rendimento: 4-6 porções*

*Preparo + Cozimento: 10 + 30 minutos*

**1 colher (sopa) de azeite**
**1 cebola**
**2 dentes de alho**
**2 cenouras em pedaços**
**1 abóbora em pedaços**
**400 g de tomate em lata sem sal**
**300 g de tomates picados**
**300 ml de Caldo de legumes caseiro (p. 18)**
**2 colheres (sopa) de salsa picada**

**1** Aqueça o azeite em uma panela grande, junte a cebola e o alho e refogue em fogo médio por 3-4 minutos, até ficarem macios. Junte os outros ingredientes. Deixe ferver, abaixe o fogo e cozinhe lentamente por 20 minutos, até os legumes ficarem macios.

**2** Se usar um mixer manual, bata a mistura por 2-3 minutos até ficar homogênea.

# CAFÉ DA MANHÃ

Entre os alimentos com maior teor de sal estão os cereais matinais, os pães e os biscoitos do café da manhã – ingredientes básicos e muito apreciados pelas crianças. Neste capítulo, você encontrará uma seleção tentadora de alternativas caseiras saudáveis, como a Granola de frutas, as deliciosas Panquecas de mirtilo e os saborosos Muffins de aveia com ovos e espinafre. Descubra como usar ingredientes apetitosos como suco de frutas e frutas azedas, sementes e oleaginosas crocantes e uma grande variedade de ervas frescas e secas para criar sabores surpreendentes sem colocar sal. Estas receitas, além de terem muitos nutrientes, são ótimas para começar o dia – e manter você alerta e focado, sem aquelas quedas de energia no meio da manhã.

4 PORÇÕES

**PREPARO + COZIMENTO**
10 + 4 minutos

**CONSERVAÇÃO**
Guarde a cobertura de aveia em um recipiente hermético por 3-4 semanas. A parte batida deve ser consumida imediatamente, mas conserva-se bem na geladeira por 4-5 horas.

**SIRVA COM...**
Ovos com molho de pimenta (p. 38)

**BENEFÍCIOS À SAÚDE**
As bananas são ricas em potássio, mineral importante na manutenção da boa pressão sanguínea. Também contêm pectina, fibra que ajuda a aliviar úlceras e inflamações no trato digestivo e diminuir o colesterol.

# vitamina de manga e aveia

As vitaminas são uma ótima forma de começar o dia. São fáceis de preparar, com ingredientes nutritivos e saborosos. A cobertura de aveia e oleaginosas manterá sua energia por toda a manhã.

**1 colher (sopa) de azeite**
**100 g de aveia em flocos**
**55 g de avelãs picadas**
**55 g de amêndoas em flocos**
**1 colher (sopa) de sementes de linhaça em pó**
**1 manga picada**
**2 bananas picadas**
**150 ml de iogurte natural**
**suco de ½ laranja**

**1** Aqueça o azeite em uma frigideira antiaderente, coloque a aveia e toste por 2-3 minutos, mexendo de vez em quando, até dourar. Junte as avelãs e as amêndoas e toste por mais 1 minuto. Retire do fogo, deixe esfriar e junte as sementes de linhaça.

**2** Bata no liquidificador a manga, as bananas, o iogurte e o suco de laranja até a mistura ficar homogênea. Disponha em copos e cubra com a aveia. Sirva com uma colher.

# vitamina de abacaxi e abacate

Esta vitamina cremosa é boa para o coração. O abacate é rico em gordura monoinsaturada, fibras, ácido fólico, ferro e vitamina E. Também é uma das frutas que contêm mais potássio, essencial para ter boa pressão sanguínea e reduzir a retenção de líquidos.

**1 abacate cortado no meio**
**500 ml de suco de abacaxi fresco**
**1 colher (chá) de suco de limão**
**2 colheres (chá) de mel**

**1** Passe o abacate no liquidificador. Junte os outros ingredientes e bata por 1-2 minutos até a mistura ficar cremosa.

**2** Coloque em copos e sirva imediatamente

**2 PORÇÕES**

**PREPARO**
5 minutos

**CONSERVAÇÃO**
Consumir imediatamente.

**SIRVA COM...**
Granola de frutas (p. 27)

**BENEFÍCIOS À SAÚDE**
O abacaxi contém bromelaína, uma enzima boa para a digestão, pois ajuda o organismo a absorver as proteinas. Tem propriedades anti-inflamatórias e contribui para afinar o sangue, propriedade útil em casos de angina e trombose. Também é diurético e ajuda a equilibrar os fluidos do corpo.

3

V

# suco de tomate

Muitas bebidas prontas, incluindo suco de tomate, têm muito sal e outros aditivos. Se fizer seu próprio suco, você consumirá apenas ingredientes nutritivos. Este suco tem muita vitamina C e betacaroteno para ajudar o sistema imunológico.

**4 PORÇÕES**

**PREPARO**
10 minutos

**CONSERVAÇÃO**
O melhor é consumir imediatamente, mas pode se manter na geladeira por até 12 horas.

**SIRVA COM...**
Muffins de aveia (p. 34)

**BENEFÍCIOS À SAÚDE**
O aipo contém pthalides, compostos ativos que relaxam os músculos em torno das artérias e favorecem a dilatação dos vasos, melhorando a pressão sanguínea. O aipo e o pepino são diuréticos ricos em potássio que aliviam a retenção de líquidos e combatem o consumo excessivo de sódio.

**10 tomates maduros grandes em pedaços**
**1 pimentão vermelho sem sementes em pedaços**
**3 talos de aipo em pedaços**
**½ pepino grande em palitos**
**2,5 cm de gengibre**
**gelo picado, para servir (opcional)**

**1** Passe todos os ingredientes na centrífuga.

**2** Sirva em copos com gelo, se desejar.

# compota de cereja

Esta compota deliciosa tem antioxidantes, que protegem o coração e melhoram o sistema imunológico. Sirva com panquecas, müsli ou iogurte natural.

**115 g de uvas-passas**
**115 g de cerejas secas**
**55 g de damasco seco**
**2 maçãs sem casca picadas**
**4 colheres (sopa) de suco de maçã**
**1 pau de canela**
**5 cravos**
**2 colheres (sopa) de raspas de laranja**

**1** Coloque as frutas secas em uma tigela e cubra com água morna. Deixe de molho por 15 minutos e escorra.
**2** Ponha as frutas em uma panela com os outros ingredientes. Espere ferver, abaixe o fogo e cozinhe por 10-15 minutos, desmanchando as frutas até a mistura engrossar. Sirva quente ou em temperatura ambiente.

**4 PORÇÕES**

**PREPARO + COZIMENTO**
5 + 15 minutos + demolha

**CONSERVAÇÃO**
Prepare com antecedência e mantenha na geladeira por 5 dias ou no congelador por 1 mês.

**SIRVA COM...**
Blinis de trigo integral (p. 32)

**BENEFÍCIOS À SAÚDE**
As uvas-passas e as cerejas são ricas em antioxidantes, especialmente vitamina C e flavonoides, denominados antocianinas, bons para o sistema imunológico, além de proteger contra o câncer e doenças cardíacas. Juntos, fortalecem as veias e as artérias, melhorando a circulação.

5

V

# compota de frutas

**4-6 PORÇÕES**

**PREPARO + COZIMENTO**
5 + 15 minutos

**CONSERVAÇÃO**
Prepare com antecedência e conserve na geladeira por 1 semana.

**SIRVA COM...**
Müsli de damasco e amêndoas (p. 28)

**BENEFÍCIOS À SAÚDE**
As ameixas são ricas em antioxidantes, que protegem o corpo contra o câncer, doenças do coração e envelhecimento. Também têm muito potássio, bom para baixar a pressão sanguínea e eliminar o excesso de sódio do corpo.

Esta mistura aromática é ótima no café da manhã ou como sobremesa. As frutas secas são saborosas e ricas em fibras solúveis, que melhoram a energia e ajudam a baixar o colesterol.

**100 g de damascos secos**
**140 g de peras ou pêssegos secos picados**
**100 g de ameixas secas picadas**
**90 g de cerejas secas**
**100 g de figos secos**
**1 colher (sopa) de sementes de cardamomo amassadas**
**4 cravos**
**suco de 3 laranjas**
**1 colher (sopa) de água de flor de laranjeira**

**1** Coloque todos os ingredientes em uma panela de fundo grosso. Junte 250 ml de água, deixe ferver, abaixe o fogo e cozinhe por 15 minutos ou até que as frutas estejam macias.
**2** Sirva quente ou em temperatura ambiente.

# granola de frutas

Esta versão é deliciosa e nutritiva, com grãos que dão energia e frutas com antioxidantes. As oleaginosas e as sementes fornecem proteína e gorduras essenciais para manter você energizado e concentrado até a hora do almoço.

**4-6 PORÇÕES**

**PREPARO + COZIMENTO**
10 + 20 minutos

**CONSERVAÇÃO**
Prepare com antecedência e conserve em um recipiente hermético por 1 mês.

**SIRVA COM...**
Compota de frutas (p. 26) iogurte natural ou leite

**BENEFÍCIOS À SAÚDE**
Apesar de terem alto teor de gordura, as oleaginosas contêm principalmente gordura monoinsaturada, que protege contra doenças do coração. Também são ricas em outros ingredientes bons para o coração, como vitamina E, folato, cálcio, magnésio e zinco.

**200 g de aveia em flocos**
**115 g de cevada em flocos**
**55 g de amêndoas em flocos**
**55 g de castanhas-do-pará picadas**
**30 g de sementes de abóbora**
**30 g de sementes de girassol**
**3 colheres (sopa) de gergelim**
**5 colheres (sopa) de suco de maçã**
**6 colheres (sopa) de mel**
**3 colheres (sopa) de azeite**
**2 colheres (sopa) de extrato de baunilha**
**1 colher (chá) de canela em pó**
**½ colher (chá) de noz-moscada em pó**
**115 g de frutas vermelhas secas**

**1** Preaqueça o forno a 180°C. Coloque a aveia, a cevada, as amêndoas, as castanhas-do-pará e as sementes em uma tigela grande e misture bem. Em outra vasilha, misture o suco de maçã, o mel, o azeite, o extrato de baunilha, a canela e a noz-moscada. Despeje tudo sobre os ingredientes secos e mexa bem.

**2** Espalhe a mistura uniformemente em duas assadeiras e asse por 20 minutos, mexendo de vez em quando, até dourar. Retire do forno e deixe esfriar. Incorpore as frutas vermelhas e sirva.

# müsli de damasco e amêndoas

**BENEFÍCIOS À SAÚDE**

A aveia e o germe de trigo são ricos em carboidratos de liberação lenta, que mantêm os níveis de energia durante toda a manhã. Também contêm um tipo de fibra solúvel chamada betaglucano, que ajuda a equilibrar a taxa de açúcar no sangue e diminuir o colesterol.

Este müsli nutritivo é tão saboroso que você não vai sentir falta do sal contido nas versões prontas. Ao ser tostada, a aveia revela toda a sua doçura, e os damascos secos são grande fonte de ferro.

**azeite para untar**
**250 g de aveia em flocos**
**30 g de germe de trigo**
**2 colheres (sopa) de coco ralado**
**1 colher (chá) de canela em pó**
**55 g de amêndoas picadas**
**250 ml de suco de maçã**
**55 g de damascos secos picados**

**1** Preaqueça o forno a 180°C. Unte levemente três assadeiras com azeite. Coloque a aveia, o germe de trigo, o coco, a canela, as amêndoas e o suco de maçã em uma tigela e misture bem.
**2** Espalhe a mistura nas assadeiras. Asse por 25 minutos, mexendo de vez em quando, até dourar.
**3** Retire do forno e deixe esfriar. Misture os damascos e sirva.

**8 PORÇÕES**

**PREPARO + COZIMENTO**
10 + 25 minutos

**CONSERVAÇÃO**
Prepare com antecedência e conserve em um recipiente hermético por 4 semanas.

**SIRVA COM...**
Compota de frutas (p. 26)
leite fresco
iogurte natural, leite ou leite de coco

**Se tiver sensibilidade ao glúten, use painço ou quinua.**

# mingau de maçã e canela

4 PORÇÕES

**PREPARO + COZIMENTO**
5 + 10 minutos

**CONSERVAÇÃO**
Deixe a aveia de molho durante a noite para acelerar o cozimento na manhã seguinte.

**SIRVA COM...**
Vitamina de abacaxi e abacate (p. 23)
iogurte natural e sementes tostadas
fruta fresca ou poché

**BENEFÍCIOS À SAÚDE**
A canela é ótima para adoçar e dar sabor. Tem a mesma atuação da insulina, ajudando a equilibrar as taxas de glicose no sangue, o que a torna ideal para diabéticos.

O mingau é uma forma saudável de começar o dia. Com muita fibra solúvel, a aveia é excelente para melhorar a digestão.

**115 g de aveia em flocos**
**300 ml de leite de vaca ou de soja**
**2 maçãs sem casca picadas**
**1 colher (chá) de canela em pó**
**55 g de uvas-passas**

**1** Coloque a aveia, o leite, as maçãs e a canela em uma panela e leve ao fogo médio até ferver. Abaixe o fogo e cozinhe lentamente por 4-5 minutos, mexendo de vez em quando, até a mistura engrossar e a aveia ficar macia. Você também pode colocar os ingredientes no micro-ondas, cobrir e aquecer por 5 minutos, mexendo na metade do tempo.
**2** Disponha o mingau em tigelas, salpique com as uvas-passas e sirva imediatamente.

# bolinhos de painço

Estes bolinhos reforçam o café da manhã e são deliciosos na hora do lanche. Sirva quente, com frutas frescas ou cobertos com um pouco de mel ou melado.

**225 g de painço**
**600 ml de suco de maçã**
**115 g de uvas-passas**
**1 colher (chá) de canela em pó**
**1 colher (sopa) de farinha de arroz, mais um pouco para polvilhar**
**150 g de tofu macio**
**1 colher (sopa) de azeite**

**1** Coloque o painço e o suco de maçã em uma panela e deixe ferver. Abaixe o fogo e cozinhe por 25 minutos. Junte as uvas-passas e cozinhe por mais 5 minutos.

**2** Ponha a mistura no processador e junte a canela, a farinha de arroz e o tofu. Bata rapidamente. Despeje a massa em uma superfície levemente polvilhada e enrole até ficar com 2,5 cm de espessura. Com um cortador redondo, corte 12 bolinhos.

**3** Aqueça o azeite em uma frigideira grande e frite os bolinhos aos poucos, por 5 minutos de cada lado, até ficarem dourados. Deixe esfriar um pouco e sirva.

**4 PORÇÕES**

**PREPARO + COZIMENTO**
10 + 55 minutos

**CONSERVAÇÃO**
Prepare com antecedência e mantenha na geladeira por até 3 dias ou no congelador por até 3 meses.

**SIRVA COM...**
Compota de cereja (p. 25)
iogurte natural ou de soja

**BENEFÍCIOS À SAÚDE**
O painço é um grão nutritivo sem glúten e boa fonte de proteína. Rico em cálcio, magnésio, potássio e vitamina B, é ótimo para combater o estresse. Também é altamente alcalino e cheio de fibra, por isso pode melhorar a digestão e ajudar a baixar os níveis de colesterol.

# blinis de trigo integral

Estes bolinhos deliciosos são simples e rápidos de fazer. O leite pode ser substituído por leite de soja ou de arroz.

**10 UNIDADES**

**PREPARO + COZIMENTO**
10 + 15 minutos

**CONSERVAÇÃO**
Prepare com antecedência e conserve na geladeira por até 3 dias ou no congelador por até 1 mês. Reaqueça em forno preaquecido a 190ºC. Coloque os blinis em uma assadeira, cubra com papel-alumínio e asse por 5 minutos.

**SIRVA COM...**
Compota de cereja (p. 25)
iogurte de soja ou natural com frutas frescas ou em conserva

**BENEFÍCIOS À SAÚDE**
O trigo integral ajuda a reduzir os riscos de doenças cardíacas, controlar o colesterol e a manter a flora intestinal saudável. Rico em fibras e proteínas, contém cálcio, ferro, magnésio, fósforo, sódio, zinco, cobre, manganês, selênio, tiamina, riboflavina, niacina, folatos, vitaminas E, B5 e B6.

**100 g de farinha de trigo integral**
**1 colher (chá) de fermento sem glúten**
**2 colheres (chá) de frutose**
**1 ovo**
**185 ml de leite**
**1 colher (sopa) de suco de limão**
**1 colher (sopa) de raspas de limão**
**1 colher (sopa) de azeite**

**1** Coloque a farinha de trigo, o fermento, a frutose, a gema, o leite, o suco e as raspas de limão em uma tigela. Bata com a batedeira até obter uma massa homogênea.
**2** Em outra tigela, bata a clara em neve e misture à massa.
**3** Aqueça o azeite em uma frigideira grande. Coloque 5 colheradas da mistura na frigideira, espaçando-as bem, e frite por 2-3 minutos de cada lado até dourarem. Tire os blinis da frigideira e mantenha-os aquecidos enquanto frita o restante da massa. Sirva quente.

# panquecas de mirtilo

As misturas prontas para panqueca têm muito sal. Para fazer um café da manhã perfeito, prepare estas panquecas caseiras, grossas e macias.

**100 g de farinha integral**
**100 g de farinha de trigo**
**2 colheres (chá) de fermento em pó**
**1 colher (sopa) de frutose**
**2 ovos**
**250 ml de iogurte natural**
**125 g de mirtilos**
**1 colher (sopa) de azeite**

**1** Misture as farinhas, o fermento e a frutose em uma tigela grande. Em outra vasilha, misture as gemas e o iogurte e junte essa mistura aos ingredientes secos, mexendo bem até que se forme uma massa.
**2** Em outra tigela, bata as claras em neve. Incorpore à massa e adicione os mirtilos.
**3** Aqueça o azeite em uma frigideira. Coloque cerca de 5 colheradas da massa, espaçando-as bem, e frite por 2-3 minutos de cada lado até dourarem. Retire as panquecas da frigideira e mantenha-as quentes enquanto frita o restante da massa. Sirva quente.

**8-12 UNIDADES**

**PREPARO + COZIMENTO**
10 + 15 minutos

**CONSERVAÇÃO**
Prepare com antecedência e mantenha na geladeira por até 2 dias ou no congelador por até 1 mês. Reaqueça em forno preaquecido a 190°C. Coloque as panquecas em uma assadeira, cubra com papel-alumínio e asse por 5 minutos.

**SIRVA COM...**
Suco de tomate (p. 24)
frutas vermelhas frescas
iogurte natural e mel

**BENEFÍCIOS À SAÚDE**
Os mirtilos são ricos em vitamina C e antocianinas, que protegem o corpo contra os efeitos do envelhecimento, ajudam a fortalecer os capilares sanguíneos e melhoram a circulação.

# muffins de aveia

**BENEFÍCIOS À SAÚDE**
Conhecida fonte de ferro, o espinafre contém também outros nutrientes importantes para os ossos, como cálcio, magnésio e vitamina K. É rico em vitamina C, que ajuda na absorção do ferro, e em potássio, ácido fólico e vitamina B6.

Esbanjando proteína, vitaminas e minerais, os ovos pochés são um ótimo combustível para começar o dia. Combinados com saborosos muffins de aveia e espinafre, compõem um café da manhã perfeito, cheio de energia e sem sal.

**azeite para untar**
**150 g de farinha integral com fermento**
**½ colher (chá) de fermento em pó**
**55 g de aveia em flocos**
**1 colher (chá) de tomilho**
**2 ovos batidos**
**150 ml de leite de vaca ou de soja**
**200 g de miniespinafre**
**4 ovos pochés para servir**
**pimenta-do-reino moída na hora**

**1** Preaqueça o forno a 220°C e unte 4 fôrmas de muffin. Misture a farinha e o fermento em uma tigela, junte a aveia e o tomilho. Acrescente os ovos e o leite e forme uma massa.

**2** Coloque a mistura nas fôrmas e asse por 15 minutos até dourar. Espere 1 minuto antes de desenformar e deixe esfriar completamente.

**3** Ponha o espinafre em uma panela grande, leve ao fogo médio e cozinhe por 2-3 minutos, mexendo de vez em quando, até murchar. Corte os muffins ao meio e toste-os.

**4** Cubra uma das metades com um pouco do espinafre e um ovo poché. Salpique com pimenta e sirva imediatamente.

**4 PORÇÕES**

**PREPARO + COZIMENTO**
15 + 20 minutos

**CONSERVAÇÃO**
Os muffins podem ser preparados com antecedência e conservados em um recipiente hermético por até 2 dias ou congelados por até 1 mês.

**SIRVA COM...**
Mistura de cogumelos e alho (p. 39)
Vitamina de abacaxi e abacate (p. 23)

**Experimente usar ervas frescas como manjericão, sálvia e orégano para variar o sabor dos muffins.**

V

# feijão-branco condimentado

**4 PORÇÕES**

**PREPARO + COZIMENTO**
5 + 15 minutos

**CONSERVAÇÃO**
Prepare com antecedência e conserve na geladeira por até 3 dias.

**SIRVA COM...**
Mistura de cogumelos e alho (p. 39)
Tortilha mediterrânea (p. 37)

**BENEFÍCIOS À SAÚDE**
O feijão-branco é rico em proteína, que mantém os níveis de energia e de fibra, diminuindo o colesterol e melhorando a digestão. Também tem muita vitamina B, que ajuda a combater o estresse e baixar os níveis de homocisteína – que aumenta o risco de doenças cardíacas quando em grande quantidade.

Esta receita caseira é muito mais saudável do que as enlatadas, que têm alto teor de sal, açúcar e adoçantes. Em vez de sal comum, use tamari, shoyu sem glúten e com baixo teor de sal.

**1 receita de Molho de tomate (p. 19)**
**400 g de feijão-branco cozido sem sal e escorrido**
**uma pitada de pimenta-da--jamaica**
**uma pitada de canela em pó**
**3 colheres (sopa) de suco de maçã**
**2 colheres (chá) de tamari**
**1 colher (chá) de vinagre de maçã**
**Muffins de aveia (p. 34) ou torradas, para servir**

**1** Coloque todos os ingredientes em uma panela e deixe ferver. Abaixe o fogo e cozinhe por 15 minutos até engrossar levemente.

**2** Sirva com muffins de aveia ou torradas.

V O

# tortilha mediterrânea

Esta omelete grossa, no estilo espanhol, proporciona um café da manhã rico em proteína. Fria e em pedaços, é ótima para lanches e piqueniques.

**1 colher (sopa) de azeite**
**1 batata-doce pequena descascada cortada em cubos**
**1 cebola roxa bem picada**
**1 pimentão vermelho sem sementes picado**
**1 dente de alho amassado**
**4 cogumelos fatiados**
**folhas de manjericão picadas**
**salsa picada**
**6 ovos batidos**
**pimenta-do-reino moída na hora**

**1** Aqueça o azeite em uma frigideira antiaderente. Coloque a batata e a cebola e frite por 6-8 minutos até a cebola ficar macia. Junte o pimentão, o alho e os cogumelos e cozinhe por mais 5 minutos.

**2** Preaqueça o forno. Misture o manjericão e a salsa com os ovos e tempere com a pimenta a gosto. Despeje a mistura sobre os legumes na frigideira, abaixe o fogo e cozinhe delicadamente por 5-7 minutos, até que os ovos estejam meio consistentes.

**3** Disponha a mistura numa assadeira e leve ao forno por 3-4 minutos, até que a superfície da tortilha esteja dourada. Corte em pedaços e sirva.

**4 PORÇÕES**

**PREPARO + COZIMENTO**
10 + 25 minutos

**CONSERVAÇÃO**
Prepare com antecedência e conserve na geladeira por até 2 dias.

**SIRVA COM...**
Vitamina de manga e aveia (p. 22)
tomates grelhados ou Feijão-branco condimentado (p. 36)

**BENEFÍCIOS À SAÚDE**
Os ovos são uma excelente fonte de proteína, facilmente digeríveis e ricos em nutrientes bons para o sistema imunológico, como ferro, zinco e selênio, além das vitaminas B, que aumentam a energia. Apesar de serem um pouco condenados por elevar o colesterol, os ovos contêm principalmente gorduras monoinsaturadas, que ajudam a diminuir o risco de doenças cardíacas.

V O

# ovos com molho de pimenta

4 PORÇÕES

**PREPARO + COZIMENTO**
10 + 35 minutos

**CONSERVAÇÃO**
Faça a mistura de tomate com antecedência e conserve na geladeira por até 2 dias.

**SIRVA COM...**
Pão de abóbora e sementes (p. 79)
Vitamina de abacaxi e abacate (p. 23)

**BENEFÍCIOS À SAÚDE**
As pimentas melhoram o sistema imunológico e são anestésicos naturais – mesmo em quantidades pequenas. Também são ricas em betacaroteno – o antioxidante que ajuda a manter os olhos e a pele saudáveis – e em capsaicina, fitoquímico com propriedades analgésicas que alivia as dores de cabeça, a artrite e a sinusite.

Este prato é rico em antioxidantes, que o tornam muito nutritivo.

**1 colher (sopa) de azeite, mais um pouco para untar**
**½ cebola roxa picada**
**½ pimentão vermelho sem sementes picado**
**½ pimentão amarelo sem sementes picado**
**1 dente de alho amassado**
**1 pimenta vermelha sem sementes bem picada**
**4 tomates picados**
**1 colher (chá) de molho de pimenta**
**4 ovos**
**1 colher (sopa) de cebolinha picada**

**1** Preaqueça o forno a 190ºC e unte quatro ramequins. Aqueça o azeite em uma frigideira, junte a cebola e os pimentões e refogue em fogo baixo por 2-3 minutos até ficarem macios. Acrescente o alho, a pimenta, os tomates e o molho de pimenta e cozinhe por 10-15 minutos até engrossar.
**2** Coloque a mistura nos ramequins e faça uma pequena depressão no topo de cada conteúdo. Quebre um ovo em cada forminha e disponha-as em uma assadeira com água até a metade da lateral dos ramequins.
**3** Asse por 15-17 minutos até ficarem levemente dourados no topo. Salpique com a cebolinha picada e sirva.

V

# mistura de cogumelos e alho

Fantástico substituto do sal, o alho é um superalimento. Ajuda a reduzir os índices do "mau" colesterol e melhora o "bom" colesterol.

**2 colheres (sopa) de azeite**
**2 dentes de alho amassados**
**2 cebolas pequenas bem picadas**
**250 g de cogumelos variados**
**2 colheres (sopa) de salsa**
**torradas, para servir**

**1** Aqueça o azeite em uma frigideira grande. Junte o alho e a cebola e refogue em fogo médio por 1-2 minutos até ficarem macios.

**2** Adicione os cogumelos e frite por 5-6 minutos até ficarem macios. Salpique com a salsa e sirva com torradas.

**4 PORÇÕES**

**PREPARO + COZIMENTO**
5 + 8 minutos

**CONSERVAÇÃO**
Prepare com antecedência e conserve na geladeira por até 3 dias.

**SIRVA COM...**
Muffins de aveia (p. 34)
Feijão-branco condimentado (p. 36)
Vitamina de abacaxi e abacate (p. 23)

**BENEFÍCIOS À SAÚDE**
Os cogumelos são boa fonte de vitaminas B e de selênio – importante antioxidante para o sistema imunológico. O shitake tem componentes ativos como o lentinan – composto polissacarídeo que ajuda a reduzir o colesterol e combater o câncer.

# ALMOÇOS E GUARNIÇÕES

Sanduíches prontos, assim como patês e sopas, têm alto teor de sal; por isso, uma das melhores formas de reduzir o consumo de sal é prepará-los em casa. Explorando os sabores naturais dos outros ingredientes – como frutas cítricas, tomates secos picantes, pimentas verdes sutilmente amargas e ardentes –, você pode criar pratos saborosos. De almoços simples a refeições mais elaboradas, as receitas deste capítulo apresentam várias ideias deliciosas, como os Wraps de atum e a Carne com salada de espinafre.

17

# homus com pimentão

Homus caseiro é fácil de fazer. Este é rico em fibras, além de antioxidantes e ácidos graxos bons para o coração – sem o sal e a gordura saturada da pasta comprada pronta.

**4 PORÇÕES**

**PREPARO**
10 minutos

**CONSERVAÇÃO**
Prepare com antecedência e conserve na geladeira por até 1 semana ou no congelador por até 1 mês.

**SIRVA COM...**
Pão de tomate seco (p. 80)
palitos de legumes, como pepino, cenoura e pimentão; ervilha-torta e milho
Tortas de cereja e ricota (p. 132)

**BENEFÍCIOS À SAÚDE**
O grão-de-bico é uma excelente fonte de proteína e fibra solúvel, que ajuda a equilibrar os níveis de açúcar no sangue e a reduzir o colesterol. Também contém fructo-oligossacarídeos, um tipo de fibra que favorece uma bactéria benigna que vive nos intestinos e é importante para o sistema digestório.

**1 Pimentão assado (p. 19) grande**
**400 g de grão-de-bico cozido sem sal e escorrido**
**1 colher (sopa) de suco de limão**
**2 dentes de alho amassados**
**1 colher (sopa) de tahine**
**2 colheres (sopa) de óleo de linhaça**
**uma pitada de páprica**

**1** Bata o pimentão, o grão-de-bico, o suco de limão, o alho e o tahine no liquidificador por 3-4 minutos, até obter um purê. Junte o óleo e bata por mais 3-4 minutos, até ficar cremoso.

**2** Coloque o homus em uma tigela, polvilhe com páprica e sirva.

18

# pasta de tomate seco

O tomate seco produz uma pasta saborosa; o tofu é uma ótima maneira de aumentar o consumo de proteína de soja, que ajuda a baixar os níveis de colesterol ruim.

**55 g de tomate seco**
**2 colheres (chá) de pasta de tomate seco com pouco sal**
**250 g de tofu**
**1 dente de alho amassado**
**1 colher (sopa) de vinagre de maçã**
**1 tomate sem sementes picado**
**algumas gotas de tabasco**
**uma pitada de pimenta-de--caiena**

**1** Deixe o tomate seco de molho em água fervente por 15 minutos, escorra e pique. Coloque-o no processador com a pasta de tomate, o tofu, o alho, o vinagre e o tomate. Bata por 3-4 minutos até obter uma mistura homogênea e tempere a gosto com o tabasco.

**2** Disponha a pasta em uma tigela, polvilhe com pimenta--de-caiena e sirva.

**4 PORÇÕES**

**PREPARO**
10 minutos + demolha

**CONSERVAÇÃO**
Prepare com antecedência e conserve na geladeira por até 4 dias.

**SIRVA COM...**
Tortilha picante (p. 78) ou bolo de aveia
palitos de legumes, como cenoura, pepino, pimentão e aipo
frutas frescas
Bolo de maçã (p. 85)

**BENEFÍCIOS À SAÚDE**
O tofu é rico em proteína e vitaminas B, tem pouca gordura saturada e sódio e é importante fonte de cálcio sem ser laticínio. A proteína de soja é ótima para o coração, pois reduz o colesterol e o nível de triglicérides, além de diminuir a probabilidade de formação de coágulos de sangue.

# sopa de abóbora

**4 PORÇÕES**

**PREPARO + COZIMENTO**
15 minutos + 35 minutos

**CONSERVAÇÃO**
Prepare com antecedência e conserve na geladeira por até 3 dias ou no congelador por até 1 mês.

**SIRVA COM...**
Pão de tomate seco (p. 80)
queijo sem sal ou peru magro
Suflês de laranja e chocolate (p. 133)
frutas frescas

**BENEFÍCIOS À SAÚDE**
A abóbora e a batata-doce têm muitos nutrientes anticancerígenos e protetores do coração. São ricas em carotenoides e vitaminas C e E – valiosos antioxidantes para a pele, os olhos, os pulmões e o sistema imunológico. Grande fonte de fibras solúveis, que reduzem o colesterol e ajudam a digestão.

Esta sopa deliciosa combina legumes ricos em antioxidantes com peras suculentas. Com propriedades antibacterianas e antivirais, é perfeita para proteger você de infecções.

**2 colheres (sopa) de azeite**
**1 cebola picada**
**300 g de abóbora sem sementes em pedaços**
**1 batata-doce descascada e picada**
**3 peras sem casca picadas**
**¼ de colher (chá) de garam masala**
**¼ de colher (chá) de pimenta-de-caiena**
**455 ml de Caldo de legumes caseiro (p. 18)**
**5 colheres (sopa) de creme de leite fresco light**
**pimenta-do-reino moída na hora**

**1** Aqueça o azeite em uma panela grande. Junte a cebola e refogue em fogo baixo por 3-4 minutos até ficar macia.
**2** Adicione a abóbora, a batata-doce, as peras, os temperos e o caldo. Deixe ferver, abaixe o fogo e deixe cozinhar por 25 minutos ou até a abóbora ficar macia.
**3** Bata a sopa no liquidificador, aos poucos se necessário, até ficar homogênea. Coloque-a de novo na panela lavada, misture o creme de leite e tempere com pimenta. Aqueça levemente e sirva.

# sopa de tomate

O alho e o tomate assados dão a esta sopa um sabor doce e forte, e o feijão e as sementes fornecem a proteína.

- **1 cabeça de alho com os dentes separados e descascados**
- **2 colheres (sopa) de azeite**
- **450 g de tomates em pedaços**
- **400 g de feijão cozido e escorrido**
- **900 ml de Caldo de legumes caseiro (p. 18)**
- **1 colher (sopa) de suco de limão**
- **1 colher (sopa) de manjericão picado**
- **2 colheres (sopa) de sementes de abóbora tostadas**
- **2 colheres (sopa) de sementes de girassol tostadas**

**1** Preaqueça o forno a 200°C. Coloque o alho em uma assadeira, regue com azeite e asse por 15 minutos até dourar. Junte os tomates ao alho e asse por mais 10-15 minutos, até ficarem macios.

**2** Ponha os tomates e o alho no liquidificador. Adicione o feijão e o caldo e bata por 2-3 minutos, até a mistura ficar homogênea.

**3** Despeje a sopa em uma panela e acrescente o suco de limão e o manjericão. Reaqueça em fogo baixo e disponha em tigelas individuais. Polvilhe com as sementes e sirva imediatamente.

**4 PORÇÕES**

**PREPARO + COZIMENTO**
10 + 35 minutos

**CONSERVAÇÃO**
Toste as sementes com antecedência e conserve em um recipiente hermético na geladeira por até 1 semana. Prepare a sopa antecipadamente e conserve na geladeira por até 3 dias ou no congelador por até 1 mês.

**SIRVA COM...**
Muffins de milho (p. 83)
Barras de aveia (p. 89)
frutas frescas e iogurte natural

**BENEFÍCIOS À SAÚDE**
O tomate é rico em licopeno, composto natural que é mais bem absorvido pelo organismo quando o tomate está cozido. O licopeno previne contra o câncer e também protege a pele e os olhos dos efeitos do sol.

21

# sopa de ervilha e alface

A alface tem um composto que relaxa o sistema nervoso e alivia o estresse.

**4 PORÇÕES**

**PREPARO + COZIMENTO**
5 + 25 minutos

**CONSERVAÇÃO**
Prepare com antecedência e conserve na geladeira por até 4 dias ou no congelador por até 1 mês.

**SIRVA COM...**
Biscoitos de gergelim (p. 76)
Wraps de atum (p. 48)
Frutas vermelhas crocantes (p. 134)

**BENEFÍCIOS À SAÚDE**
A ervilha é um alimento benéfico ao coração. Rica em folato e vitaminas B, que podem auxiliar a reduzir o nível de homocisteína no sangue (níveis altos dessa proteína estão relacionados a doenças cardíacas). Contém ainda vitamina K, importante para os ossos.

**1 colher (sopa) de azeite**
**1 cebola bem picada**
**1 talo de aipo**
**350 g de ervilhas congeladas**
**2 alfaces picadas grosseiramente**
**800 ml de Caldo de legumes caseiro (p. 18)**
**suco de ½ limão**
**1 colher (sopa) de salsa picada**
**pimenta-do-reino moída na hora**

**1** Aqueça o azeite em uma panela. Junte a cebola e o aipo e refogue em fogo baixo por 5 minutos, até ficarem macios.
**2** Adicione as ervilhas, a alface e o caldo. Deixe ferver, abaixe o fogo e cozinhe por 15 minutos, até as ervilhas ficarem macias. Junte o suco de limão e tempere com pimenta.
**3** Coloque a sopa no liquidificador, acrescente a salsa e bata (aos poucos se necessário) até ficar homogênea. Lave a panela, recoloque a sopa, reaqueça em fogo baixo e sirva quente.

# sopa fria de feijão e pimentão

Esta sopa colorida é bem saborosa e contém muitos antioxidantes.

**1 colher (sopa) de azeite**
**1 cebola bem picada**
**1 dente de alho amassado**
**600 ml de Caldo de legumes caseiro (p. 18)**
**uma pitada de pimenta**
**3 Pimentões assados (p. 19) picados**
**400 g de feijão cozido e escorrido**
**um punhado de manjericão**
**6 colheres (sopa) de iogurte natural**

**1** Aqueça o azeite em uma panela grande. Junte a cebola e o alho e refogue em fogo baixo por 5 minutos. Adicione o caldo, a pimenta, os pimentões e o feijão. Deixe ferver, abaixe o fogo, tampe e cozinhe por 15-20 minutos, até os legumes ficarem macios.

**2** Bata a sopa no liquidificador, aos poucos, até ficar homogênea. Peneire-a numa tigela grande com a ajuda de uma colher de pau. Cubra e leve à geladeira por 1 hora.

**3** Passe o manjericão e o iogurte no liquidificador por 1 minuto. Sirva a sopa fria coberta com o creme de manjericão.

**4 PORÇÕES**

**PREPARO + COZIMENTO**
10 + 25 minutos + resfriamento

**CONSERVAÇÃO**
Prepare a sopa com antecedência e conserve na geladeira por até 3 dias ou no congelador por até 1 mês. O creme de manjericão pode ficar na geladeira por até 2 dias.

**SIRVA COM...**
Pão de tomate seco (p. 80)
Tortas de cereja e ricota (p. 132)
Frutas frescas

**BENEFÍCIOS À SAÚDE**
O pimentão vermelho tem mais vitamina C do que a laranja – vital para o sistema imunológico, pois reduz os níveis de colesterol, regula a pressão sanguínea e afina o sangue. Também contém betacaroteno e flavonoides – potentes antioxidantes que fortalecem os capilares sanguíneos e ajudam a combater doenças.

# wraps de atum

O pesto de sementes de abóbora que tempera estes wraps é rico em ômega-3 e ômega-6. Muito versátil, pode temperar macarrão, legumes e saladas.

**4 PORÇÕES**

**PREPARO**
15 minutos

**CONSERVAÇÃO**
O pesto pode ser feito com antecedência e conservado na geladeira por até 1 semana. Os wraps se mantêm bem na geladeira, cobertos, por até 2 dias.

**SIRVA COM...**
Vinagrete de manga (p. 66)
Biscoitos amaretto (p. 90)
frutas frescas

**BENEFÍCIOS À SAÚDE**
O atum é uma excelente fonte de proteína, e, embora o produto em lata não tenha as gorduras ômega-3 encontradas no atum fresco, conserva boa quantidade de vitaminas e minerais, incluindo as vitaminas B – importantes para o coração e para o sistema nervoso – e o antioxidante selênio.

**4 pães-folha**
**150 g de atum em lata em água escorrido e amassado**
**folhas de verduras variadas**

**Pesto de sementes de abóbora:**
**1 dente de alho picado**
**30 g de manjericão**
**30 g de sementes de abóbora**
**5 colheres (sopa) de óleo de linhaça**
**2 colheres (sopa) de queijo gruyère ou parmesão ralado na hora**

**1** Bata o alho, o manjericão e as sementes no processador por 2-3 minutos. Com o motor ligado, acrescente o óleo lentamente e bata por mais 2 minutos até obter uma pasta. Misture o queijo.

**2** Espalhe em cada tortilha 1 colher (sopa) do pesto e cubra com o atum e as folhas de verdura. Enrole bem apertado formando os wraps e sirva.

# burritos de peru

O limão e a pimenta dão a este prato um sabor vigoroso sem necessidade de sal. A carne de peru é magra e rica em vitaminas B.

**1 colher (sopa) de azeite**
**3 peitos de peru em tiras**
**1 pimenta vermelha sem sementes picada**
**4 cebolinhas picadas**
**suco e raspas de 1 limão**
**4 unidades de pão-folha**
**folhas de rúcula**
**4 colheres (sopa) de folhas de coentro picadas**
**4 colheres (sopa) de iogurte natural**

**1** Preaqueça o forno a 200°C. Aqueça o azeite em uma frigideira, coloque o peru e a pimenta e refogue por cerca de 5 minutos, até o peru ficar cozido. Junte a cebolinha e o limão e cozinhe por mais 1 minuto.

**2** Corte quatro pedaços de papel-alumínio, grandes o bastante para envolver as tortilhas completamente. Coloque uma tortilha em cada pedaço de papel-alumínio e forre-a com o recheio de peru. Envolva-as com o papel-alumínio e coloque-as em uma assadeira. Leve ao forno por 5-6 minutos.

**3** Retire o papel-alumínio e salpique as tortilhas com as folhas de rúcula, o coentro e o iogurte. Enrole e sirva.

**4 PORÇÕES**

**PREPARO + COZIMENTO**
10 + 12 minutos

**CONSERVAÇÃO**
O peru pode ser preparado no dia anterior e conservado na geladeira durante a noite. Coloque-o sobre as tortilhas e aqueça no forno por 10 minutos.

**SIRVA COM...**
Coleslaw asiático (p. 67)
Bolo de manga e coco (p. 88)
frutas frescas

**BENEFÍCIOS À SAÚDE**
Com muita vitamina C, o limão é ótimo para o sistema imunológico. Também contém potássio, que combate o excesso de sódio e equilibra os fluidos do organismo, e limoneno, bom para o fígado e para a digestão.

# wraps de frango

**BENEFÍCIOS À SAÚDE**
O frango é uma excelente fonte de proteína com baixo teor de gordura e é rico em vitaminas B – vital para o sistema nervoso, para a produção de energia e para evitar doenças cardiovasculares. Também é rico no antioxidante selênio e em potássio, bom para baixar a pressão do sangue.

Os wraps de papel de arroz são ideais para quem tem sensibilidade ao trigo ou ao glúten – além de uma ótima opção com pouco sal. O molho de alho e pimenta é incrivelmente versátil. Os alimentos ricos em proteína, como o frango, satisfazem mais e ajudam a evitar a queda de energia do meio da tarde.

**20 folhas de papel de arroz**
**400 g de frango grelhado em tiras**
**4 cebolinhas bem picadas**
**1 cenoura em palitos**
**½ pimentão vermelho sem sementes em palitos**
**um punhado de broto de feijão**

**Molho de alho e pimenta:**
**2 colheres (sopa) de vinagre de arroz**
**3 colheres (sopa) de mel**
**1 cebola pequena picada**
**1 pimenta vermelha bem picada**
**4 dentes de alho amassados**
**3 tomates picados**

**1** Para fazer o molho, coloque todos os ingredientes em uma panela, leve para ferver e abaixe o fogo. Cozinhe por 10-12 minutos até a mistura começar a engrossar. Bata com um batedor elétrico até a mistura ficar homogênea.
**2** Ponha 2 folhas de papel de arroz em água morna por 1-2 minutos, até ficarem maleáveis e opacas. Coloque uma em cima da outra numa tábua de cozinha. Espalhe 1 colher (chá) do molho sobre a folha de cima e cubra com algumas tiras de frango e de legumes. Enrole as folhas juntas, dobrando as pontas do rolo. Faça o mesmo com as outras folhas, até completar 10 wraps.
**3** Sirva com o restante do molho.

**10 UNIDADES**

**PREPARO + COZIMENTO**
30 + 15 minutos

**CONSERVAÇÃO**
Faça os wraps com antecedência e conserve na geladeira, cobertos, por até 2 dias. O molho de alho e pimenta pode ser mantido na geladeira por até 1 semana.

**SIRVA COM...**
Coleslaw asiático (p. 67)
Espetos de frutas tropicais (p. 130)

**Faça uma quantidade grande do molho de alho e pimenta e use para temperar carnes ou acompanhar queijos.**

# bruschettas de abacate

Entrada típica italiana, a bruschetta também compõe um lanche saudável, especialmente quando acompanhada de pasta de abacate.

**4 PORÇÕES**

**PREPARO + COZIMENTO**
10 + 5 minutos

**CONSERVAÇÃO**
Fica melhor se preparada pouco antes de servir.

**SIRVA COM...**
Vinagrete de manga (p. 66)
Fritada de aspargos (p. 54)
Cheesecake de limão e mirtilo (p. 130)

**BENEFÍCIOS À SAÚDE**
O abacate é rico em gordura monoinsaturada (boa para o coração), fibras, vitamina E, ácido fólico e ferro. Também contém betassitoterol, substância que protege do câncer e ajuda a reduzir o colesterol. O abacate é também uma das melhores fontes de potássio, essencial para equilibrar os fluidos do corpo.

**2 dentes de alho**
**1 abacate picado**
**1 tomate picado**
**1 colher (sopa) de manjericão picado**
**3 colheres (sopa) de azeite**
**1 colher (sopa) de vinagre balsâmico**
**4 fatias de Pão de tomate seco (p. 80)**

**1** Amasse 1 dente de alho e ponha-o em uma tigela com o abacate, o tomate, o manjericão, 2 colheres (sopa) de azeite e o vinagre. Misture bem.
**2** Aqueça uma panela de fundo estriado até ficar bem quente, coloque o pão e toste dos dois lados. Esfregue o pão tostado com o outro dente de alho e regue com o restante do azeite. Espalhe a mistura de abacate no pão e sirva.

# tortinhas de alcachofra

Estas tortinhas são feitas com pão integral em vez de massa para torta ou pão comum. A alcachofra e a cebola são boas fontes de potássio, que ajuda a equilibrar os fluidos do organismo e a regular a pressão sanguínea.

**8 fatias finas de pão integral**
**2 colheres (sopa) de azeite**
**½ cebola vermelha roxa**
**1 dente de alho amassado**
**225 g de fundos de alcachofra em água, escorridos e picados**
**3 colheres (sopa) de queijo gruyère ralado**
**3 colheres (sopa) de creme de leite light**
**1 colher (sopa) de manjericão**

**1** Preaqueça o forno a 200°C. Com um cortador de massa de 8 cm de diâmetro, faça oito círculos de pão. Regue-os com 1 colher (sopa) de azeite e disponha-os em forminhas de muffin rasas.
**2** Aqueça o restante do azeite numa frigideira pequena, junte a cebola e o alho e refogue em fogo médio por 2-3 minutos, até ficarem macios. Ponha a cebola em uma tigela, adicione a alcachofra, o queijo, o creme de leite e o manjericão e mexa bem. Passe a mistura nos pães.
**3** Asse por 15-20 minutos até dourar. Sirva quente.

**8 UNIDADES/ 8 PORÇÕES**

**PREPARO + COZIMENTO**
10 + 25 minutos

**CONSERVAÇÃO**
Prepare com antecedência e conserve na geladeira por até 3 dias.

**SIRVA COM...**
Beterraba assada (p. 68)
Vinagrete de manga (p. 66)
Barras de aveia (p. 89)
frutas frescas

**BENEFÍCIOS À SAÚDE**
O queijo é uma excelente fonte de cálcio, bom para os dentes e os ossos, mas tome cuidado, pois muitos têm alto teor de sal. Gruyère, emmenthal, mussarela e ricota são algumas das melhores opções. Ou procure as versões de seus queijos favoritos com menos sal.

28

# fritada de aspargos

**6 PORÇÕES**

**PREPARO + COZIMENTO**
10 + 20 minutos

**CONSERVAÇÃO**
Sobras de comida podem ser mantidas na geladeira por até 3 dias.

**SIRVA COM...**
Beterraba assada (p. 68)
Vinagrete de manga (p. 66)
Frutas vermelhas crocantes (p. 134)

**BENEFÍCIOS À SAÚDE**
O aspargo tem asparagina, que estimula os rins e tem efeito diurético. Suas propriedades de limpeza auxiliam no combate à retenção de líquidos. Também é boa fonte de ácido fólico, betacaroteno, vitamina C e o antioxidante glutationa, que ajudam a prevenir doenças do coração.

A fritada é um prato típico italiano, que pode ser consumida quente ou fria, sendo própria para piqueniques.

**2 colheres (sopa) de azeite**
**4 batatas em fatias de 5 mm**
**1 cebola picada**
**350 g de aspargos grelhados**
**3 colheres (sopa) de cebolinha picada**
**6 ovos batidos**

**1** Aqueça 1 colher (sopa) de azeite em uma frigideira antiaderente. Coloque as batatas e refogue em fogo alto por 5 minutos, mexendo de vez em quando, até ficarem apenas macias. Junte a cebola e refogue por mais 2-3 minutos. Ponha numa tigela, adicione os aspargos fatiados, a cebolinha e os ovos e misture bem.
**2** Aqueça o restante do azeite na frigideira. Acrescente os ingredientes refogados e cozinhe em fogo baixo até a parte de cima ficar quase cozida.
**3** Se quiser, deixe por mais 1-2 minutos no fogo, para dourar a superfície. Corte em pedaços e sirva.

# bolinhos de pimentão e milho

Estes bolinhos vão fazer sucesso em casa. Eles propiciam o consumo de legumes ricos em antioxidantes.

**175 g de farinha integral com fermento**
**1 colher (chá) de fermento em pó**
**2 ovos**
**125 ml de leite de vaca ou de soja**
**225 g de milho em conserva (sem açúcar nem sal)**
**1 Pimentão assado (p. 19) picado**
**2 cebolinhas picadas**
**1 colher (sopa) de salsa picada**
**1 colher (sopa) de azeite**

**1** Coloque a farinha, o fermento, os ovos e o leite na batedeira. Bata por 1-2 minutos, até obter uma massa uniforme. Adicione o milho, o pimentão, as cebolinhas e a salsa e misture.

**2** Aqueça o azeite em uma frigideira em fogo médio, até ficar bem quente. Ponha 5 colheres (sopa) da massa, espaçando-as bem. Abaixe o fogo e frite por 1-2 minutos de cada lado, até dourar. Escorra os bolinhos e mantenha-os aquecidos enquanto frita o restante. Sirva quente.

**10-12 UNIDADES / 4 PORÇÕES**

**PREPARO + COZIMENTO**
10 + 15 minutos

**CONSERVAÇÃO**
Prepare com antecedência e conserve na geladeira por até 3 dias. Para reaquecer, cubra com papel-alumínio e asse a 190°C por 5 minutos.

**SIRVA COM...**
Salada de abacate (p. 63)
peru magro
Pão com sementes (p. 84)
frutas frescas

**BENEFÍCIOS À SAÚDE**
O milho é rico em vitamina C, boa para o sistema imunológico, e fibras, que ajudam a reduzir o colesterol. Também tem ácido fólico e vitaminas B, importantes para melhorar a energia e combater o estresse.

# salmão com salada de feijão e tomate

O salmão é excelente fonte de ômega-3, que previne doenças do coração.

**4 PORÇÕES**

**PREPARO + COZIMENTO**
10 + 15 minutos + marinada

**CONSERVAÇÃO**
Prepare o molho com antecedência e conserve na geladeira por até 1 semana. Para adiantar, marine o salmão de manhã. Conserve-o na geladeira até o momento de cozinhar.

**SIRVA COM...**
Pão de tomate seco (p. 80)
Biscoitos amaretto (p. 90)
Frutas frescas e iogurte

**BENEFÍCIOS À SAÚDE**
Aumentar o consumo de grãos e feijão é bom para melhorar a saúde. Ricos em fibras solúveis, eles estabilizam os níveis de açúcar no sangue e reduzem o colesterol. Também têm bastante potássio (que ajuda a equilibrar os fluidos do corpo), vitaminas B e ácido fólico.

**suco e raspas de ½ limão**
**2 colheres (sopa) de vinagre de arroz**
**2 colheres (sopa) de saquê mirin**
**2 colheres (sopa) de azeite**
**4 filés de salmão com cerca de 150 g cada um**
**2 dentes de alho amassados**
**250 g de tomates-cereja cortados ao meio**
**400 g de feijões variados cozidos e escorridos**
**2 colheres (sopa) de hortelã picada**

**1** Misture o suco e as raspas de limão, o vinagre, o saquê e 1 colher (sopa) de azeite. Despeje metade desse molho sobre o salmão e deixe descansar por 15 minutos.
**2** Aqueça o restante do azeite em uma frigideira. Coloque o peixe e frite em fogo alto por 2-3 minutos de cada lado, até estar firme; escorra e reserve.
**3** Refogue o alho na frigideira por 2 minutos em fogo baixo. Junte os tomates e o feijão e refogue por 2-3 minutos, até os tomates começarem a ficar macios. Adicione o molho restante e cozinhe por mais 1 minuto até aquecer completamente. Salpique com a hortelã e sirva com o peixe.

31

# salada de camarão, coco e papaia

O coco desta salada de inspiração tailandesa contém triglicérides de cadeia média e manganês que ajudam a queimar calorias e melhorar a energia.

**50 g de coco ralado**
**125 ml de iogurte natural**
**suco de ½ limão**
**uma pitada de pimenta-do--reino**
**2 cebolinhas picadas**
**200 g de camarões grandes cozidos**
**1 abacate fatiado**
**folhas de verduras variadas**
**1 papaia sem casca nem sementes fatiada**
**flocos de coco sem açúcar, para servir**
**folhas de coentro, para servir**

**1** Coloque o coco em uma tigela refratária, adicione 2 colheres (sopa) de água fervente e deixe esfriar. Junte o iogurte, o suco de limão, a pimenta e a cebolinha.
**2** Ponha os camarões a o abacate em uma tigela, acrescente o molho de coco e mexa delicadamente.
**3** Divida as folhas verdes em quatro pratos, coloque por cima a mistura de camarão e cubra com fatias de papaia. Salpique com os flocos de coco e as folhas de coentro e sirva.

**4 PORÇÕES**

**PREPARO**
15 minutos

**CONSERVAÇÃO**
É melhor consumir no próprio dia.

**SIRVA COM...**
Pão condimentado (p. 82)
Peras pochées (p. 135)

**BENEFÍCIOS À SAÚDE**
A papaia é ótima para melhorar a digestão graças a uma enzima poderosa chamada papaína, que facilita a absorção das proteínas. A fruta acalma o trato digestivo e, sendo rica em fibra, ajuda a controlar os níveis de colesterol e alivia a prisão de ventre. Também tem bastante betacaroteno.

# salada de caranguejo

A carne de caranguejo é tão saborosa que não precisa de molhos cremosos, salgados. O pepino é um grande diurético – útil para manter baixa a pressão sanguínea.

**4 PORÇÕES**

**PREPARO**
15 minutos

**CONSERVAÇÃO**
Prepare o molho com antecedência e conserve na geladeira por até 2 dias.

**SIRVA COM...**
Biscoitos de gergelim (p. 76)
Muffins de cereja e laranja (p. 86)
frutas frescas e iogurte

**BENEFÍCIOS À SAÚDE**
O agrião é rico em antioxidantes, incluindo luteína e zeaxantina, bons para os olhos, glicosinolatos anticancerígenos e a quercetina, poderoso anti-inflamatório. Também contém muita vitamina C, ferro, ácido fólico e vitamina B6, que ajudam a manter saudáveis as células vermelhas do sangue e o sistema imunológico.

**½ pepino sem sementes fatiado**
**1 erva-doce em fatias finas**
**100 g de agrião**
**550 g de carne de caranguejo**
**pimenta-do-reino moída na hora**

**Molho de limão e gengibre:**
**suco e raspas de ½ limão**
**1 colher (chá) de mel**
**1 colher (sopa) de azeite**
**1 colher (chá) de gengibre fresco ralado**
**1 colher (sopa) de hortelã picada**

**1** Coloque todos os ingredientes do molho em uma tigela pequena e misture bem.

**2** Ponha o pepino, a erva-doce e o agrião em uma tigela grande, adicione o molho e misture bem.

**3** Tempere o caranguejo com a pimenta-do-reino, junte à salada e sirva.

33

# salada de alcachofra

Esta salada sutilmente adocicada tem muitas gorduras favoráveis ao coração. O frango e as nozes são boas fontes de proteína, selênio e vitamina E, para a pele e o coração.

**folhas de rúcula**
**folhas de miniespinafre**
**3 peitos de frango assados em tiras**
**400 g de fundos de alcachofra em água, escorridos e cortados ao meio**
**1 cebola roxa pequena picada**
**6 tomates-cereja cortados ao meio**
**100 g de nozes tostadas picadas**

**Vinagrete de nozes:**
**3 colheres (sopa) de vinagre de vinho**
**5 colheres (sopa) de óleo de nozes**
**1 colher (sopa) de azeite extravirgem**

**1** Coloque todos os ingredientes do molho em uma tigela pequena e misture bem.

**2** Arrume as folhas de rúcula e de miniespinafre em uma travessa. Disponha sobre elas o frango, as alcachofras, a cebola, os tomates e as nozes. Regue com o molho e sirva imediatamente.

**4 PORÇÕES**

**PREPARO**
15 minutos

**CONSERVAÇÃO**
Prepare o molho na véspera e conserve na geladeira durante a noite.

**SIRVA COM...**
Pão de tomate seco (p. 80)
Bolo de maçã (p. 85)
frutas frescas

**BENEFÍCIOS À SAÚDE**
A alcachofra contém ciarina, boa para o fígado, pois auxilia a desintoxicação e a digestão. Também é um ótimo diurético e ajuda a combater a retenção de líquidos e regular a pressão sanguínea.

# carne com salada de espinafre

**BENEFÍCIOS À SAÚDE**
A carne magra é uma excelente fonte de ferro, necessária para a produção de células vermelhas no sangue, além de zinco, bom para o sistema imunológico. A carne também tem muita proteína, que é ótima para aumentar a energia.

Este prato tailandês tem legumes crocantes e coloridos, além do espinafre. Rico em antioxidantes e nutrientes que ajudam a combater doenças.

500 g de filés de alcatra
1 colher (sopa) de azeite
2 colheres (sopa) de pimenta-preta moída
1 cenoura em palitos
1 pimentão vermelho em palitos
1 cebola roxa em fatias finas
½ pepino sem sementes em palitos
1 receita de Vinagrete oriental (p. 18)
folhas de miniespinafre
4 colheres (sopa) de folhas de coentro picadas

**1** Esfregue os filés com o azeite e a pimenta. Deixe marinar por 1 hora.

**2** Aqueça uma frigideira em fogo alto até ficar bem quente. Frite os filés por 1 minuto de cada lado até dourar, abaixe o fogo e frite por mais 3-4 minutos de cada lado, até a carne estar cozida mas macia. Retire os filés da frigideira, deixe descansar por 10 minutos e corte em fatias bem finas.

**3** Ponha a carne em uma tigela e junte a cenoura, o pimentão, a cebola e o pepino. Acrescente o vinagrete e misture bem.

**4** Coloque o espinafre em uma tigela larga e cubra com a salada de carne. Salpique com as folhas de coentro e sirva imediatamente.

**4 PORÇÕES**

**PREPARO + COZIMENTO**
10 + 10 minutos + marinada

**CONSERVAÇÃO**
O molho pode ser preparado com antecedência e conservado na geladeira por até 1 semana.

**SIRVA COM...**
macarrão chinês
Espetos de frutas tropicais (p. 139)

**Para viagem, ponha o molho num recipiente separado e use-o somente ao servir, para que os legumes permaneçam crocantes.**

# salada de quinua

**4-6 PORÇÕES**

**PREPARO + COZIMENTO**
10 + 25 minutos

**CONSERVAÇÃO**
Sobras de salada podem ser conservadas na geladeira por até 3 dias.

**SIRVA COM...**
Vinagrete de manga (p. 66)
Barras de aveia (p. 89)
frutas frescas e iogurte

**BENEFÍCIOS À SAÚDE**
A quinua é um grão incrivelmente nutritivo, boa fonte de cálcio, fósforo, ferro, vitaminas B e vitamina E. Seu alto teor de fibra pode ajudar a digestão, aliviar a prisão de ventre e reduzir o colesterol.

Rica em sabores e texturas, esta salada não precisa de sal. Chamada de "supergrão", a quinua é uma excelente fonte de proteína e não contém glúten.

**175 g de quinua**
**500 ml de Caldo de legumes caseiro (p. 18)**
**2 colheres (sopa) de azeite**
**1 cebola roxa bem picada**
**1 colher (sopa) de cominho moído**
**1 colher (sopa) de coentro moído**
**1 maçã descascada bem picada**
**½ pimentão vermelho sem sementes bem picado**
**55 g de castanhas-de-caju tostadas sem sal**
**55 g de uvas-passas**
**55 g de damascos secos picados**
**2 colheres (sopa) de folhas de coentro picadas**

**1** Coloque a quinua e o caldo de legumes em uma panela. Deixe ferver, abaixe o fogo, cubra e cozinhe por 15-20 minutos, até a água ter sido absorvida. Retire do fogo e deixe esfriar.

**2** Aqueça o azeite em uma panela e refogue a cebola e os temperos por 2-3 minutos em fogo médio, até a cebola ficar macia. Coloque essa mistura sobre a quinua, junte a maçã, o pimentão, as castanhas-de-caju, as uvas-passas, os damascos e o coentro. Misture bem e sirva em temperatura ambiente.

# salada de abacate

As frutas cítricas, o abacate e os brotos de feijão reunidos aqui têm muita vitamina C e ácidos graxos essenciais que ajudam a melhorar o sistema imunológico.

**2 abacates fatiados**
**1 grapefruit descascado e fatiado**
**1 laranja descascada e fatiada**
**1 cebola roxa bem picada**
**brotos de feijão**

**Molho:**
**3 colheres (sopa) de suco de laranja**
**2 colheres (sopa) de óleo de linhaça**
**1 dente de alho amassado**
**1 colher (chá) de mel**
**2 colheres (sopa) de vinagre de vinho branco**

**1** Coloque todos os ingredientes do molho em um recipiente com tampa e agite bem.

**2** Ponha os abacates, o grapefruit, a laranja, a cebola e os brotos de feijão em uma tigela grande. Despeje o molho e misture delicadamente. Sirva imediatamente.

**4 PORÇÕES**

**PREPARO**
10 minutos

**CONSERVAÇÃO**
Prepare o molho com antecedência e conserve na geladeira por até 4 dias. A salada deve ser consumida imediatamente.

**SIRVA COM...**
Wraps de atum (p. 48)
Bolinhas de mirtilo e tâmara (p. 91)
frutas frescas

**BENEFÍCIOS À SAÚDE**
Sementes e brotos de feijão são muito nutritivos. Fontes concentradas de fitonutrientes, proteína, vitaminas e minerais, ajudam a melhorar a energia e o sistema imunológico. Ricos em enzimas, são fáceis de digerir, permitindo que o organismo absorva os nutrientes. Coma-os crus em saladas e sanduíches para tirar o máximo proveito de seus benefícios nutricionais.

37

# camarões refogados

**4 PORÇÕES**

**PREPARO + COZIMENTO**
10 + 5 minutos + marinada

**CONSERVAÇÃO**
Prepare na véspera e conserve na geladeira durante a noite.

**SIRVA COM...**
Pão condimentado (p. 82)
Coleslaw oriental (p. 67)
Bolo de manga e coco (p. 88)
frutas frescas

**BENEFÍCIOS À SAÚDE**
O camarão é uma excelente fonte de minerais, como o zinco, importante para o sistema imunológico, e o selênio, antioxidante que ajuda na produção de anticorpos. Também contém vitaminas B, cálcio, magnésio e potássio.

Este prato simples e rápido pode ser temperado de manhã e ficar marinando na geladeira para absorver os sabores dos temperos. Rico em proteína, deixará você energizado e concentrado a tarde inteira.

**400 g de camarões grandes limpos**
**4 colheres (sopa) de iogurte natural**
**2 colheres (sopa) de suco de limão**
**1 dente de alho amassado**
**1 colher (chá) de páprica**
**1 colher (chá) de garam masala**
**½ colher (chá) de cominho em pó**
**½ colher (chá) de coentro em pó**
**1 colher (sopa) de azeite**
**1 colher (sopa) de folhas de coentro picadas**

**1** Coloque os camarões, o iogurte, o suco de limão, o alho e as especiarias em uma tigela e mexa bem. Cubra e leve à geladeira por pelo menos 30 minutos para apurar os sabores.

**2** Aqueça o azeite em uma frigideira. Escorra os camarões e refogue-os em fogo alto por 3-4 minutos até ficarem rosados e cozidos. Salpique com as folhas de coentro e sirva.

38

# linguine com aspargos e frango

As frutas cítricas são ótimas para temperar alimentos no lugar do sal.

**1 colher (sopa) de azeite**
**1 dente de alho amassado**
**2 cebolas pequenas bem picadas**
**400 g de filés de frango em pedaços**
**400 g de linguine ou espaguete**
**250 g de aspargos cortados ao meio no sentido do comprimento**
**suco e raspas de 1 limão**
**4 colheres (sopa) de creme de leite fresco**
**30 g de manjericão picado**

**1** Aqueça o azeite em uma frigideira em fogo baixo. Coloque o alho e as cebolas e refogue por 2 minutos, até ficarem macios. Junte o frango e refogue por 7-8 minutos, até dourar.

**2** Enquanto isso, cozinhe o linguine em uma panela com água fervente por cerca de 8 minutos, até ficar al dente. Escorra bem.

**3** Adicione os aspargos, o suco e as raspas de limão e cozinhe por mais 3-4 minutos, até os aspargos ficarem macios. Acrescente o linguine, o creme de leite e o manjericão. Misture bem, aqueça e sirva imediatamente.

**4 PORÇÕES**

**PREPARO + COZIMENTO**
10 + 20 minutos

**CONSERVAÇÃO**
As sobras poderão ser conservadas na geladeira por até 2 dias.

**SIRVA COM...**
salada mista
Cheesecake de limão e mirtilo (p. 130)

**BENEFÍCIOS À SAÚDE**
O limão é excelente fonte de vitamina C para o sistema imunológico, e de antioxidantes que protegem o organismo dos radicais livres associados ao envelhecimento. Também são ótimos para a limpeza do organismo – comece o dia tomando um copo de água quente e suco de limão para preparar a digestão.

# salada com vinagrete de manga

**4 PORÇÕES**

**PREPARO**
15 minutos

**CONSERVAÇÃO:**
Prepare o molho com antecedência e conserve na geladeira por até 3 dias.

**SIRVA COM...**
Tortinhas de alcachofra (p. 53)
Frutas vermelhas crocantes (p. 134)

**BENEFÍCIOS À SAÚDE**
A maravilhosa cor amarelada da manga ressalta seu teor de betacaroteno, importante para manter a pele saudável e para o sistema imunológico. Ela também tem muita vitamina C, vitamina E e potássio – que fortalecem os vasos sanguíneos e protegem o coração.

Esta salada refrescante e deliciosa é temperada com um molho rico em antioxidantes e ácidos graxos essenciais. Junte várias folhas de verdura para ficar ainda mais nutritiva.

**300 g de folhas de verduras variadas**
**1 manga descascada fatiada**
**1 cebola roxa pequena bem picada**
**½ pepino sem sementes fatiado**

**Vinagrete de manga:**
**1 manga fatiada**
**suco e raspas de 1 limão**
**1 dente de alho amassado**
**1 colher (chá) de mel**
**2 colheres (sopa) de vinagre de maçã**
**3 colheres (sopa) de óleo de linhaça**

**1** Coloque todos os ingredientes do vinagrete no processador e bata por 2-3 minutos.

**2** Disponha numa tigela as folhas verdes, a manga, a cebola e o pepino. Cubra com o molho e misture delicadamente. Sirva imediatamente.

# coleslaw oriental

A maioria dos molhos à base de maionese tem muito sal e gordura saturada. Este molho de inspiração oriental é composto de especiarias exóticas enriquecidas com um pouco de azeite, bom para o coração. O coleslaw é um acompanhamento delicioso para carnes grelhadas, peixe ou hambúrguer.

**1 colher (sopa) de azeite extravirgem**
**1 receita de Vinagrete oriental (p. 18)**
**200 g de repolho roxo bem fatiado**
**2 cenouras raladas**
**1 pimentão vermelho sem sementes em fatias bem finas**
**100 g de brotos de feijão**
**4 cebolinhas em fatias fininhas**

**1** Misture o azeite ao vinagrete.

**2** Coloque em uma tigela o repolho, a cenoura, o pimentão, os brotos de feijão e as cebolinhas e misture bem. Cubra com o vinagrete, deixe descansar por 15 minutos e sirva.

**4 PORÇÕES**

**PREPARO**
15 minutos

**CONSERVAÇÃO**
Prepare com antecedência e mantenha na geladeira por até 4 dias.

**SIRVA COM...**
Bolinhos de caranguejo (p. 97)
Bolo de manga e coco (p. 88)
frutas frescas

**BENEFÍCIOS À SAÚDE**
O repolho contém poderosas substâncias sulfurosas, como glicosinolatos, que protegem contra certos tipos de câncer e fortalecem a capacidade desintoxicante do fígado. Também é rico em vitamina C, fibra, ácido fólico e potássio – nutrientes valiosos para manter a saúde do coração.

# beterraba assada

A beterraba assada tem uma doçura incomparável, que elimina a necessidade de sal. Purificadora do sangue, também é rica em antioxidantes.

**4 PORÇÕES**

**PREPARO + COZIMENTO**
10 + 40 minutos

**CONSERVAÇÃO**
A beterraba pode ser cozida com antecedência e servida quente ou fria. Conserve as sobras na geladeira por até 3 dias.

**SIRVA COM...**
Truta grelhada (p. 102)
Batata-doce com mel e laranja (p. 71)
Cheesecake de limão e mirtilo (p. 130)

**BENEFÍCIOS À SAÚDE**
A beterraba é ótima para a limpeza do organismo e melhora as propriedades desintoxicantes do fígado. Rica em fibra solúvel, ajuda a reduzir o colesterol. Com alto teor de açúcar e ferro, a beterraba mantém você energizado e mais concentrado.

**8 minibeterrabas ou 4 beterrabas médias descascadas**
**3 colheres (sopa) de vinagre balsâmico**
**4 colheres (sopa) de azeite**
**suco de ½ laranja**
**1 dente de alho amassado**
**1 colher (chá) de alecrim picado**
**pimenta-do-reino moída na hora**

**1** Preaqueça o forno a 200°C. Se estiver usando beterrabas médias, corte-as ao meio. Forre uma assadeira com papel-alumínio e coloque as beterrabas.
**2** Ponha os outros ingredientes em uma tigela e misture bem. Regue as beterrabas com a mistura e feche o papel-alumínio. Asse por 40 minutos e sirva.

# abobrinha com limão e hortelã

O molho de limão deste prato de verão é uma boa alternativa para o sal e pode acompanhar outros legumes grelhados ou no vapor. O óleo de linhaça é rico em ácidos graxos, essenciais à sua dieta.

**4 abobrinhas em fatias finas no sentido do comprimento**
**1 colher (sopa) de azeite**
**pimenta-do-reino moída na hora**

**Molho de limão e hortelã:**
**2 colheres (sopa) de suco de limão**
**1 colher (chá) de raspas de limão**
**2 colheres (chá) de mel**
**4 colheres (sopa) de óleo de linhaça**
**hortelã picada**

**1** Coloque todos os ingredientes do molho em uma tigela e misture bem.

**2** Ponha a abobrinha em outra tigela, regue com o azeite e tempere com a pimenta.

**3** Aqueça uma grelha ou frigideira e toste a abobrinha aos poucos por 2-3 minutos de cada lado, até dourar.

**4** Disponha a abobrinha tostada em uma tigela, despeje o molho enquanto ainda está quente e misture delicadamente. Sirva quente ou em temperatura ambiente.

**4 PORÇÕES**

**PREPARO + COZIMENTO**
10 + 20 minutos

**CONSERVAÇÃO**
As sobras podem ser conservadas na geladeira por até 2 dias.

**SIRVA COM...**
Kafta com iogurte e hortelã (p. 114)
pão sírio integral
Tortas de cereja e ricota (p. 132)

**BENEFÍCIOS À SAÚDE**
A hortelã tem mentol, um óleo volátil que é bom para aliviar a congestão nasal. Também estimula a secreção de sucos gástricos e tem propriedades calmantes e anti-inflamatórias para o intestino.

# brócolis com gergelim

**4 PORÇÕES**

**PREPARO + COZIMENTO**
10 + 10 minutos

**CONSERVAÇÃO**
Consuma imediatamente.

**SIRVA COM...**
Macarrão oriental com carne de porco (p. 112)
Espetos de frutas tropicais (p. 139)

**BENEFÍCIOS À SAÚDE**
O brócolis é um superalimento para o coração e o sistema imunológico. É excelente fonte de antioxidantes e fibras, bons para reduzir o colesterol. Também tem ácido fólico, útil para diminuir os níveis de homocisteína no sangue. Como outras crucíferas, contém glicosilonatos, que possuem propriedades desintoxicantes e anticancerígenas.

Os legumes refogados conservam os nutrientes e têm mais sabor, sem necessidade de sal. O gergelim dá mais proteína a este prato, além dos ácidos graxos ômega-6 e ômega-9.

**3 colheres (sopa) de gergelim**
**2 colheres (sopa) de azeite**
**1 cebola pequena bem picada**
**1 pimenta vermelha sem sementes bem picada**
**2 dentes de alho amassados**
**450 g de brócolis em pequenos buquês**
**óleo de gergelim para servir**

**1** Aqueça uma panela antiaderente em fogo médio. Coloque o gergelim e toste por 1-2 minutos até dourar. Cuidado para não deixar queimar. Retire do fogo e reserve.

**2** Esquente o azeite em uma frigideira grande em fogo baixo. Junte a cebola, a pimenta e o alho e refogue por 1-2 minutos.

**3** Adicione os brócolis e 1 colher (sopa) de água e refogue por mais 3-4 minutos. Regue com o óleo e sirva.

44

# batata-doce com mel e laranja

A digestão da batata-doce, extremamente rica em nutrientes, é mais lenta que a das outras raízes, o que prolonga os níveis de energia.

**2 colheres (sopa) de azeite**
**2 colheres (sopa) de mel**
**3 colheres (sopa) de suco de laranja**
**4 batatas-doces descascadas e cortadas em pedaços**
**pimenta-do-reino moída na hora**

**1** Preaqueça o forno a 200°C. Coloque o azeite, o mel e o suco de laranja em uma tigela pequena e tempere a gosto com a pimenta. Misture bem.

**2** Ponha as batatas-doces em uma assadeira, despeje a mistura de mel e mexa bem.

**3** Asse por 30-40 minutos até dourar, regando as batatas de vez em quando com o molho. Sirva quente.

**4 PORÇÕES**

**PREPARO + COZIMENTO**
10 + 40 minutos

**CONSERVAÇÃO**
As sobras podem ser mantidas na geladeira por até 2 dias.

**SIRVA COM...**
Hambúrgueres de peru (p. 107)
salada mista
Frutas vermelhas crocantes (p. 134)

**BENEFÍCIOS À SAÚDE**
A batata-doce é rica em antioxidantes, especialmente betacaroteno e vitamina C, que protegem dos efeitos do envelhecimento. Também é boa fonte de vitamina E, vital para a pele e o coração. Seu alto teor de fibra pode ajudar a baixar o colesterol e melhorar a digestão.

V

# batatas com páprica e limão

**4-6 PORÇÕES**

**PREPARO + COZIMENTO**
10 + 30 minutos

**CONSERVAÇÃO**
As sobras podem ser conservadas na geladeira por até 3 dias.

**SIRVA COM...**
Legumes assados com dukkah (p. 123)
frutas frescas e iogurte
Bolinhas de mirtilo e tâmara (p. 91)

**BENEFÍCIOS À SAÚDE**
Batatas novas são ricas em vitaminas B e C, que atuam na produção de energia. Como a maior parte das vitaminas, minerais e fibras está na casca da batata, utilize batatas orgânicas.

Esta receita deliciosa realça o sabor das batatas assadas sem precisar de sal nem de molhos cremosos.

**1 kg de batatas descascadas**
**3 colheres (sopa) de azeite**
**suco e raspas de 1 limão**
**1 colher (chá) de cominho em grão levemente moído**
**1 colher (chá) de páprica**
**pimenta-do-reino moída na hora**

**1** Preaqueça o forno a 200°C. Cozinhe as batatas em água fervente por 5 minutos até começarem a ficar macias. Escorra bem e ponha numa assadeira.
**2** Coloque o azeite, o suco e as raspas de limão, o cominho e a páprica em uma tigela pequena. Tempere com a pimenta e misture bem. Despeje a mistura sobre as batatas.
**3** Asse por 20-25 minutos, regando de vez em quando com o molho. Sirva quente ou frio.

# arroz de coco

Este arroz cremoso, levemente picante, é o acompanhamento perfeito para pratos da cozinha oriental. Quente e substancioso, agradará a toda a família.

**2 colheres (sopa) de azeite**
**1 cebola bem picada**
**2 dentes de alho amassados**
**4 sementes de cardamomo amassadas**
**250 g de arroz basmati lavado**
**300 ml de leite de coco**
**folhas de coentro picadas**

**1** Aqueça o azeite em uma panela grande e refogue a cebola e o alho em fogo médio por 2-3 minutos. Junte o cardamomo e o arroz e mexa bem.

**2** Adicione o leite de coco e ½ xícara (chá) de água. Deixe ferver, abaixe o fogo e cozinhe por 20 minutos, até que todo o líquido tenha sido absorvido.

**3** Salpique com as folhas de coentro e sirva.

**4 PORÇÕES**

**PREPARO + COZIMENTO**
5 + 25 minutos

**CONSERVAÇÃO**
As sobras podem ser mantidas na geladeira por até 2 dias.

**SIRVA COM...**
Frango indiano (p. 106)
Brócolis com gergelim (p. 70)
Peras pochées (p. 135)

**BENEFÍCIOS À SAÚDE**
O arroz basmati é rico em fibras, boas para baixar o colesterol, vitaminas B e manganês, que ajuda a estabilizar os níveis de açúcar no sangue. Libera seus açúcares mais lentamente do que o arroz branco, por isso prolonga a sensação de saciedade.

# CHÁS E LANCHES

A maior parte do sal que consumimos está "escondida" nos produtos prontos. Até mesmo pães, bolos, biscoitos, tortas e doces podem ter alto teor de sal. Com estas receitas apetitosas e simples, você não precisará comprar nada fora. Pode escolher entre o delicioso Pão de tomate seco e as Tortilhas picantes ou satisfazer o desejo por doce com uma grande variedade de sugestões, como os Muffins de cereja e laranja, os Biscoitos amaretto ou o Bolo de manga e coco, todas com ingredientes nutritivos e saborosos.

47

# biscoitos de gergelim

O sabor destes biscoitos caseiros vem da páprica e do gergelim, em vez do sal.

**15-20 UNIDADES**

**PREPARO + COZIMENTO**
15 + 12 minutos

**CONSERVAÇÃO**
Conserve em um recipiente hermético por até 4 dias ou no congelador por até 1 mês.

**SIRVA COM...**
Homus com pimentão (p. 42)
Pasta de tomate seco (p. 43)
Muffins de cereja e laranja (p. 86)
frutas frescas

**BENEFÍCIOS À SAÚDE**
A farinha integral tem muito mais fibras e vitaminas B do que as versões refinadas. Também libera energia mais lentamente, prolongando a sensação de saciedade por mais tempo e ajudando a evitar a queda de energia durante o dia.

**125 g de farinha integral**
**125 g de farinha de trigo, mais um pouco para abrir a massa**
**1 colher (chá) de fermento em pó**
**½ colher (chá) de páprica**
**3 colheres (sopa) de queijo emmenthal ou gruyère ralado**
**4 colheres (sopa) de gergelim**
**4 colheres (sopa) de azeite**
**1 xícara (chá) de leite, mais um pouco para pincelar**

**1** Preaqueça o forno a 190°C. Coloque as duas farinhas, o fermento, a páprica, o queijo e metade do gergelim em uma tigela. Junte o azeite e 4 colheres (sopa) de leite e misture tudo com as mãos. Aos poucos, adicione mais leite e continue mexendo até a massa ficar uniforme.
**2** Ponha a massa em uma superfície polvilhada com farinha. Abra a massa, deixando-a com 2 cm de altura, e corte 15-20 biscoitos com 8 cm de diâmetro. Coloque--os em uma assadeira, pincele com um pouco de leite e salpique com o restante do gergelim.
**3** Asse por 10-12 minutos até dourar. Deixe os biscoitos na assadeira por 1 minuto para que esfriem.

# oleaginosas tostadas

Você pode evitar a tentação de comer um pacotinho de oleaginosas salgadas preparando esta receita deliciosa sem sal. É ótima no lanche e também deixa as saladas mais crocantes.

**2 colheres (sopa) de azeite**
**225 g de oleaginosas sem sal, como castanha-do-pará, pecã, amêndoa, castanha-de-caju e amendoim**
**¼ de colher (chá) de garam masala**
**¼ de colher (chá) de pimenta-do-reino**

**1** Aqueça o azeite em uma frigideira e coloque as oleaginosas. Refogue por 2-3 minutos até começarem a dourar. Você pode fazer isso por partes.
**2** Ponha as oleaginosas numa tigela, acrescente os temperos e misture bem. Deixe esfriar antes de servir.

**4 PORÇÕES**

**PREPARO + COZIMENTO**
5 + 6 minutos

**CONSERVAÇÃO**
Prepare com antecedência e conserve em um recipiente hermético na geladeira por até 1 semana.

**SIRVA COM...**
Hambúrgueres marroquinos (p. 115)
pães de farinha integral
salada mista

**BENEFÍCIOS À SAÚDE**
Ricas em proteína, as oleaginosas são uma fonte de energia. A castanha-do-pará tem altíssimo teor de selênio, importante para o sistema imunológico, para a tireoide e para a próstata. Também contém bastante ômega-3 e ômega-6, ácidos graxos bons para o coração, além de gorduras monoinsaturadas.

49

# tortilha picante

**4 PORÇÕES**

**PREPARO + COZIMENTO**
5 + 10 minutos

**CONSERVAÇÃO**
Prepare com antecedência e conserve em um recipiente hermético por até 4 dias.

**SIRVA COM...**
Ovos com molho de pimenta (p. 38)
Homus com pimentão (p. 42)
Pasta de tomate seco (p. 43)

**BENEFÍCIOS À SAÚDE**
Os pães, pãezinhos recheados e tortilhas de farinha integral contêm carboidratos complexos que liberam energia mais lentamente do que os feitos com farinha branca, processada. Dê preferência às versões com índice de sal mais baixo.

Alternativa saudável para os petiscos tradicionais e salgados, é fácil de fazer e deliciosa com molhos e pastas caseiros. Para versões sem glúten, use massa de farinha de milho.

**1 clara levemente batida**
**2 colheres (sopa) de azeite**
**1 colher (chá) de mostarda de Dijon**
**1 dente de alho amassado**
**½ colher (chá) de pimenta em pó**
**½ colher (chá) de pimenta-de-caiena**
**3 discos de tortilha de farinha de milho ou integral**

**1** Preaqueça o forno a 180°C. Coloque a clara, o azeite, a mostarda, o alho e as pimentas em uma tigela e misture bem. Pincele um lado de cada tortilha com essa mistura. Corte-as em formato de cunha e coloque-as em uma assadeira com o lado pincelado para cima.

**2** Asse por 5-10 minutos, até ficarem crocantes. Retire da assadeira e deixe esfriar.

50

# pão de abóbora e sementes

Esta receita rápida rende um pão leve, delicioso no lanche ou como acompanhamento de sopas ou cozidos.

250 g de farinha integral com fermento
1 colher (chá) de fermento em pó
uma pitada de pimenta-do-reino
55 g de sementes variadas, como gergelim, girassol e abóbora
5 colheres (sopa) de leite
2 colheres (sopa) de mel
1 ovo levemente batido
2 colheres (sopa) de azeite, mais um pouco para untar
225 g de abóbora cozida e amassada

**1** Preaqueça o forno a 190ºC. Coloque em uma tigela a farinha, o fermento, a pimenta e metade das sementes e misture bem. Em outra tigela, misture o leite, o mel, o ovo e o azeite, junte aos ingredientes secos e mexa bem com uma colher de pau. Adicione a abóbora e incorpore-a bem.
**2** Disponha a massa numa fôrma de pão de 450 g untada e salpique com o resto das sementes.
**3** Asse por 30 minutos até que, inserindo um palito na massa, ele saia limpo. Deixe esfriar por 5 minutos, desenforme e espere esfriar completamente.

**1 UNIDADE DE 450 G**

**PREPARO + COZIMENTO**
15 + 30 minutos

**CONSERVAÇÃO**
Prepare o pão com antecedência, embrulhe-o e conserve na geladeira por até 3 dias ou no congelador por até 1 mês.

**SIRVA COM...**
Sopa de tomate (p. 45)
saladas
Suflês de laranja e chocolate (p. 133)

**BENEFÍCIOS À SAÚDE**
A abóbora é rica em carotenoides, que protegem contra o câncer e doenças do coração. Também tem muita fibra, útil para reduzir o colesterol e melhorar a digestão.

51

# pão de tomate seco

**BENEFÍCIOS À SAÚDE**

Tomate e azeite são uma ótima combinação. Os carotenoides, abundantes nos tomates, são solúveis em gordura, o que significa que precisam de um pouco de gordura para ser absorvidos. O azeite também é uma boa fonte de gorduras monoinsaturadas, que protegem o coração.

Este pão italiano combina o tomate seco e as nozes tostadas para proporcionar um sabor maravilhoso sem necessidade de sal. O tomate dá cor e é rico em carotenoides, importantes para a pele e os olhos, além de proteger contra alguns tipos de câncer. A receita também pode ser feita com farinha sem glúten.

**500 g de farinha integral especial**
**7 g de fermento biológico instantâneo**
**55 g de nozes tostadas**
**8 tomates secos em azeite escorridos e picados**
**2 ovos**
**1 colher (sopa) de pasta de tomate seco com pouco sal**
**4 colheres (sopa) de azeite, mais um pouco para untar**
**1 colher (sopa) de mel**

**1** Coloque a farinha, o fermento, as nozes e os tomates em uma tigela grande. Misture e faça uma cova no centro.
**2** Em outra tigela, junte os ovos, a pasta de tomate seco, o azeite e o mel. Coloque a mistura na cova da farinha e misture tudo com as mãos. Acrescente aos poucos 275 ml de água morna e continue a mexer até a massa ficar uniforme. Amasse-a na tigela até ficar elástica, cubra e deixe crescer por 1 hora.
**3** Volte a amassar a massa por alguns minutos e forme um grande pão redondo. Disponha-o em uma assadeira untada levemente, cubra e deixe crescer por mais 20 minutos. Preaqueça o forno a 220°C.
**4** Asse por 30 minutos até dourar. Retire da assadeira e deixe esfriar completamente antes de servir.

**1 UNIDADE DE 900 G**

**PREPARO + COZIMENTO**
20 + 30 minutos + descanso

**CONSERVAÇÃO**
Prepare o pão com antecedência, embrulhe-o em filme de PVC ou papel-alumínio e conserve em um recipiente hermético por até 3 dias ou no congelador por até 1 mês.

**SIRVA COM...**
Salada de alcachofra (p. 59)

**Tostadas, as nozes têm seu sabor natural realçado, por isso não precisam de sal ou outro aditivo.**

**10 UNIDADES**

**PREPARO + COZIMENTO**
25 + 20 minutos + descanso

**CONSERVAÇÃO**
Prepare o pão com antecedência, embrulhe-o e conserve em um recipiente hermético por até 3 dias ou no congelador por até 1 mês. Se estiver congelado, esquente no forno.

**SIRVA COM...**
Tagine de legumes (p. 124)
Pudim de arroz com morangos (p. 128)

**BENEFÍCIOS À SAÚDE**
Muitos condimentos indianos são conhecidos por suas propriedades curativas. O cominho é bom para a digestão e ajuda o organismo a absorver os nutrientes. Também estimula o sistema imunológico e tem efeito antimuco, o que é bom em caso de tosses e resfriados.

# pão condimentado

Completamente sem sal, mas cheio de sabor, este pão condimentado é perfeito com requeijão, patês e tahine.

**21 g de fermento biológico instantâneo**
**2 colheres (sopa) de mel**
**1 colher (sopa) de cominho em pó**
**1 colher (sopa) de coentro em pó**
**1 colher (sopa) de gergelim**
**500 g de farinha de trigo especial**
**500 g de farinha integral especial**
**azeite para untar**

**1** Coloque em uma tigela o fermento, o mel e 310 ml de água morna e mexa até o fermento se dissolver. Reserve por 15 minutos.

**2** Ponha os temperos, o gergelim e as farinhas em uma tigela grande. Junte a mistura de fermento e mais 310 ml de água morna e misture com as mãos até obter uma massa homogênea. Amasse um pouco, cubra a tigela e deixe crescer por 1 hora.

**3** Preaqueça o forno a 220°C. Divida a massa em 10 pedaços iguais e abra cada um em formato ovalado. Coloque-os em assadeiras levemente untadas e asse por 5-10 minutos, até estarem crescidos e dourados. Retire da assadeira e espere esfriar antes de servir.

# muffins de milho

A farinha de milho é rica em vitaminas B, que ajudam o corpo a lidar com o estresse.

250 g de farinha de milho
100 g de farinha de trigo
2 colheres (chá) de fermento em pó
½ colher (chá) de pimenta-do-reino
125 g de milho em conserva, sem sal nem açúcar, escorrido
2 ovos batidos
125 ml de azeite, mais um pouco para untar
150 ml de leite

**1** Preaqueça o forno a 190°C. Coloque em uma tigela as farinhas de milho e de trigo, o fermento, a pimenta-do-reino e o milho. Em outra tigela, misture os ovos, o azeite e o leite. Junte essa mistura à vasilha da farinha e bata até obter uma massa.

**2** Unte levemente uma fôrma de muffins com seis ou oito cavidades e divida a massa entre elas. Asse por 20-30 minutos, até dourar e ficar firme ao toque. Deixe esfriar completamente para servir.

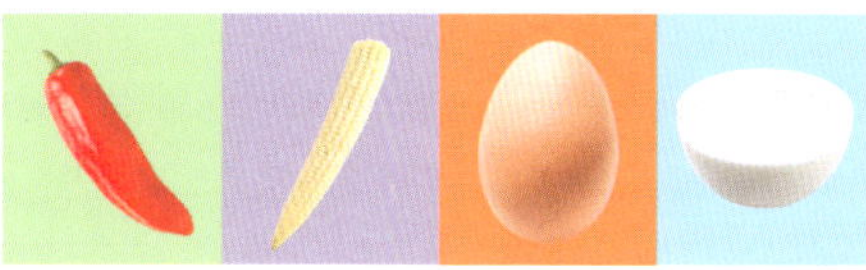

**6-8 UNIDADES**

**PREPARO + COZIMENTO**
15 + 30 minutos

**CONSERVAÇÃO**
Prepare com antecedência e mantenha em um recipiente hermético por até 3 dias ou no congelador por até 1 mês.

**SIRVA COM...**
Sopa de tomate (p. 45)
salada mista
Pudins de pera (p. 129)

**BENEFÍCIOS À SAÚDE**
A farinha de milho é rica em carboidratos, que proporcionam muita energia, além de fibra, potássio e vitaminas B – que equilibram as taxas de glicose no sangue e ajudam a controlar o apetite.

# pão com sementes

**1 UNIDADE DE 900 G**

**PREPARO + COZIMENTO**
15 + 70 minutos + demolha

**CONSERVAÇÃO**
Prepare o pão com antecedência, embrulhe-o em papel-alumínio e conserve na geladeira por até 4 dias ou no congelador por até 1 mês.

**SIRVA COM...**
Compota de cereja (p. 25)
Fritada de aspargos (p. 54)
salada mista
frutas frescas

**BENEFÍCIOS À SAÚDE**
As sementes de abóbora contêm ômega-3 e ômega-6 e muitos micronutrientes, como vitamina E e zinco, importantes para o sistema imunológico e para a pele. Também têm cálcio e magnésio, fundamentais para os ossos e para o relaxamento dos músculos e dos vasos sanguíneos.

Completamente sem gordura, este pão leva sementes ricas em ácidos graxos, condimentos e frutas secas. A farinha e o leite de soja possuem grande quantidade de fitoestrogênios, importantes para a saúde.

**125 g de farinha de soja**
**125 g de farinha integral com fermento**
**2 colheres (chá) de fermento em pó**
**1 pedaço de gengibre picado**
**1 colher (chá) de canela em pó**
**200 g de sementes de abóbora, girassol e linhaça**
**115 g de uvas-passas**
**100 g de frutas vermelhas secas**
**500 ml de leite de soja**
**4 colheres (sopa) de mel**
**100 ml de purê de maçã**

**1** Coloque em uma tigela grande as farinhas, o fermento, o gengibre, a canela, as sementes e as frutas secas. Aqueça em uma panela em fogo baixo o leite de soja, o mel e o purê de maçã. Adicione essa mistura à tigela com os ingredientes secos e deixe descansar por 30 minutos. Preaqueça o forno a 170°C.

**2** Coloque a massa numa fôrma de pão levemente untada. Asse por 60-70 minutos, até o pão dourar e crescer. Estará pronto se, ao inserir um palito no meio, ele sair limpo. Deixe esfriar completamente antes de desenformar e servir.

# bolo de maçã

Este bolo delicioso vai manter longe a fome, por causa da aveia, da farinha integral e da maçã, que ajudam o organismo a conservar a energia por mais tempo.

**500 g de maçãs descascadas e fatiadas**
**175 g de farinha integral com fermento**
**100 g de aveia laminada**
**200 g de müsli sem açúcar nem sal**
**1 colher (chá) de gengibre em pó**
**3 colheres (sopa) de mel**
**4 colheres (sopa) de azeite**
**150 ml de iogurte natural**

**1** Preaqueça o forno a 190°C. Coloque as maçãs em uma panela com 3 colheres (sopa) de água, tampe e cozinhe em fogo médio por 5 minutos. Bata no liquidificador por 1-2 minutos.
**2** Ponha a farinha, a aveia, o müsli e o gengibre em uma tigela, junte o mel, o azeite e o iogurte.
**3** Disponha metade da mistura de aveia numa assadeira de fundo removível de 20 cm ligeiramente untada. Asse por 15 minutos até dourar. Retire do forno, cubra com o purê de maçã e salpique com o restante da mistura de aveia. Leve de volta ao forno e asse por mais 30-35 minutos, até dourar.
**4** Deixe esfriar. Fatie e sirva em temperatura ambiente.

**8 PORÇÕES**

**PREPARO + COZIMENTO**
15 + 55 minutos

**CONSERVAÇÃO**
Prepare com antecedência e conserve na geladeira por até 2 dias.

**SIRVA COM...**
Salmão com salada de feijão (p. 56)
salada mista
frutas frescas

**BENEFÍCIOS À SAÚDE**
A quercetina, antioxidante encontrado em muitas frutas e legumes, incluindo a maçã, ajuda a proteger o colesterol da oxidação e do acúmulo nas artérias. Também é conhecida por suas propriedades anti-inflamatórias, o que a torna indicada para artrite, asma e alergias.

56

# muffins de cereja e laranja

**BENEFÍCIOS À SAÚDE**
Todas as frutas vermelhas são ricas em antioxidantes, especialmente antocianinas, além de vitamina C, que mantêm saudável o sistema imunológico. O mirtilo tem propriedades antibacterianas, que previnem e combatem infecções do trato urinário como a cistite.

Estes muffins são ricos em fibras, mas livres do sal contido nos produtos prontos. O farelo de aveia e as sementes de linhaça têm grande quantidade de fibras solúveis, que ajudam a regular as taxas de glicose no sangue e mantêm o intestino saudável. A semente de linhaça é uma excelente fonte de ácidos graxos essenciais.

115 g de farinha de trigo
90 g de farelo de aveia
55 g de sementes de linhaça moídas
2 colheres (chá) de fermento em pó
1 laranja descascada fatiada
55 g de frutose
115 ml de iogurte natural
4 colheres (sopa) de azeite, mais um pouco para untar
1 ovo batido
55 g de cerejas marasquino ou mirtilos

**1** Preaqueça o forno a 180°C. Misture a farinha, o farelo de aveia, a linhaça e o fermento em uma tigela.
**2** Bata no liquidificador a laranja, a frutose, o iogurte, o azeite e o ovo até a mistura ficar homogênea. Junte-a aos ingredientes secos, acrescente as cerejas e mexa rapidamente.
**3** Distribua a massa em forminhas de muffin levemente untadas. Asse por 20 minutos até dourar e ficar firme ao toque. Espere 1 minuto antes de desenformar. Sirva quente ou em temperatura ambiente.

**12 UNIDADES**

**PREPARO + COZIMENTO**
15 + 20 minutos

**CONSERVAÇÃO**
Prepare com antecedência e mantenha em um recipiente hermético na geladeira por até 4 dias ou no congelador por até 1 mês.

**SIRVA COM...**
Hambúrgueres de peru (p. 107)
frutas frescas

**A laranja é rica em vitamina C e contém betassitosterol, que reduz o colesterol.**

57

# bolo de manga e coco

**16 UNIDADES**

**PREPARO + COZIMENTO**
10 + 35 minutos + demolha

**CONSERVAÇÃO**
Prepare com antecedência e conserve em um recipiente hermético por até 4 dias ou no congelador por até 1 mês.

**SIRVA COM...**
Carne com salada de espinafre (p. 60)
macarrão oriental
frutas frescas

**BENEFÍCIOS À SAÚDE**
Frutas secas exóticas, como a manga e a papaia, compõem um lanche saudável. São ricas em potássio, importante para equilibrar os fluidos do corpo e baixar a pressão sanguínea.

As crianças vão adorar este bolo especial, com os sabores naturais da manga e do coco.

**125 g de fatias picadas de manga seca sem açúcar**
**2 mangas frescas picadas**
**suco e raspas de 3 limões**
**150 ml de azeite**
**55 g de aveia em flocos**
**150 g de farinha de trigo com fermento**
**150 g de farinha integral com fermento**
**1 colher (chá) de fermento em pó**
**115 g de coco ralado**

**1** Preaqueça o forno a 180ºC. Coloque a manga seca em uma tigela refratária e cubra com água fervente. Deixe de molho por 30 minutos e escorra.

**2** Bata no liquidificador por 1-2 minutos a manga fresca, o suco e as raspas de limão e o azeite.

**3** Ponha em uma tigela a aveia, as farinhas, o fermento, o coco e a manga seca. Misture bem e junte o purê de manga.

**4** Coloque a massa em uma assadeira de 25 cm x 30 cm levemente untada e nivele a superfície com uma espátula. Asse por 30-35 minutos, até dourar. Deixe esfriar na fôrma, corte em 16 pedaços e sirva.

# barras de aveia

As barras de cereais industrializadas podem ter muito sal. Esta receita caseira é uma ótima alternativa.

**suco e raspas de 4 limões**
**6 colheres (sopa) de suco de maçã**
**325 g de tâmaras secas picadas**
**5 colheres (sopa) de mel**
**150 ml de azeite, mais um pouco para untar**
**150 g de aveia em flocos**
**175 g de farinha integral com fermento**
**4 colheres (sopa) de sementes de girassol**
**½ colher (chá) de bicarbonato de sódio**
**115 g de amêndoas moídas**

**1** Preaqueça o forno a 180°C. Junte o suco e as raspas de limão, o suco de maçã e 225 g das tâmaras. Cozinhe em fogo médio por 1-2 minutos e deixe esfriar. Junte o mel e o azeite e bata no liquidificador até ficar homogêneo.
**2** Ponha os outros ingredientes em uma tigela, adicione o purê de tâmaras e misture. Unte uma assadeira de 25 cm x 30 cm e forre-a com a massa. Asse por 25-30 minutos e deixe esfriar. Corte em 16 barras e sirva.

**16 UNIDADES**

**PREPARO + COZIMENTO**
15 + 35 minutos

**CONSERVAÇÃO**
Prepare com antecedência e mantenha em um recipiente hermético por até 5 dias ou no congelador por até 1 mês.

**SIRVA COM...**
Kafta com iogurte e hortelã (p. 114)
Salada de abacate (p. 63)
frutas frescas

**BENEFÍCIOS À SAÚDE**
Rica em ferro e açúcares naturais, a tâmara é ótima para combater as quedas de energia. Também tem muito potássio, que ajuda a regular a pressão arterial. A farinha integral e a aveia desaceleram o ritmo de liberação dos açúcares na corrente sanguínea, prolongando a sensação de saciedade.

# biscoitos amaretto

**16 UNIDADES**

**PREPARO + COZIMENTO**
15 + 45 minutos

**CONSERVAÇÃO**
Prepare com antecedência e conserve em um recipiente hermético por até 1 semana.

**SIRVA COM...**
Salmão com gremolata (p. 100)
Pão de tomate seco (p. 80)
salada mista
Sorbet de laranja e romã (p. 136)

**BENEFÍCIOS À SAÚDE**
O damasco seco é rico em licopeno e betacaroteno, vitais para o coração, a pele e os olhos. Também tem muito ferro, que ajuda a prevenir a anemia. Evite os damascos secos cor de laranja brilhante, pois, em geral, são tratados com enxofre.

Estes biscoitos crocantes de damasco e amêndoas embebidos em amaretto são apetitosos e saudáveis. Sirva-os com café ao fim de uma refeição ou com sorbets e sorvetes.

**100 g de farinha de trigo**
**1 colher (chá) de fermento em pó**
**75 g de frutose**
**75 g de damascos secos picados**
**55 g de amêndoas picadas**
**1 ovo batido**
**1 colher (sopa) de amaretto**
**azeite para untar**

**1** Preaqueça o forno a 180°C. Forre uma assadeira com papel-manteiga untado com azeite.
**2** Coloque em uma tigela a farinha, o fermento, a frutose, os damascos e as amêndoas. Junte o ovo e o amaretto e misture bem até a massa ficar uniforme.
**3** Abra a massa em uma tira comprida com cerca de 5 cm de largura e ponha na assadeira. Asse por 25 minutos.
**4** Retire do forno, mas mantenha-o ligado. Deixe a massa esfriar por 10 minutos e corte-a na diagonal em fatias de 0,5 cm. Arrume-as na assadeira e asse por mais 8-10 minutos de cada lado. Remova do forno, espere esfriar e sirva.

60

# bolinhas de mirtilo e tâmara

Em vez de doces ou chocolates, que podem conter sal, experimente esta receita quando sentir vontade de beliscar.

**125 g de mirtilos secos**
**55 g de tâmaras secas picadas**
**1 colher (sopa) de suco de maçã**
**2-3 colheres (sopa) de amêndoas picadas**
**55 g de coco ralado**

**1** Bata no processador os mirtilos, as tâmaras e o suco de maçã até a mistura ficar uniforme. Junte as amêndoas em quantidade suficiente para formar uma pasta grossa.

**2** Com uma colher de chá, molde 10-12 bolinhas e passe--as no coco ralado. Deixe esfriar e sirva.

**10-12 UNIDADES**

**PREPARO**
15 minutos

**CONSERVAÇÃO**
Prepare com antecedência e conserve na geladeira por até 1 semana.

**SIRVA COM...**
Wraps de atum (p. 48)
frutas frescas e iogurte

**BENEFÍCIOS À SAÚDE**
As frutas secas são ricas em antioxidantes, vitaminas B e ferro; por serem naturalmente doces, não é preciso acrescentar mais açúcar. Como têm muito potássio, ajudam a baixar a pressão sanguínea e a diminuir a retenção de líquido.

# JANTARES

As refeições prontas podem ser tentadoras no final de um dia de trabalho, mas em geral têm mais sal do que a quantidade recomendada para um dia inteiro – sem falar nas calorias e na gordura. Para criar uma refeição deliciosa, não é preciso ficar horas na cozinha. Este capítulo contém pratos de dar água na boca, como Hambúrgueres de peru e Frango assado com pesto, que farão grande sucesso entre os adultos e as crianças. Também há muitas receitas rápidas para fazer durante a semana, como Truta grelhada, delícias vegetarianas, como Curry de coco e batata-doce, e refeições mais generosas, como Codorna assada. Esses pratos fabulosos vão agradar à família inteira e aos amigos.

61

# trouxinhas de vieira

Os frutos do mar cozidos em papel-alumínio conservam todo o seu sabor e nutrientes.

**4 PORÇÕES**

**PREPARO + COZIMENTO**
10 + 10 minutos

**CONSERVAÇÃO**
É melhor consumir no dia em que for feito.

**SIRVA COM...**
Salada de abacate (p. 63)
Bolo de maçã (p. 85)
frutas frescas

**BENEFÍCIOS À SAÚDE**
Muitas ervas têm propriedades curativas e grande quantidade de minerais. O manjericão é rico em flavonoides e óleos voláteis, que têm ação antibactericida e anti-inflamatória. Também contém magnésio e potássio, que ajuda a relaxar os músculos e os vasos sanguíneos, equilibrando a pressão sanguínea.

**1 colher (sopa) de azeite, mais um pouco para pincelar**
**2 colheres (sopa) de saquê mirin**
**2 colheres (sopa) de manjericão picado**
**2 colheres (sopa) de suco de limão**
**1 colher (chá) de raspas de limão**
**16 vieiras grandes e limpas**

**1** Preaqueça o forno a 200°C. Corte quatro pedaços de papel-alumínio ou papel-manteiga de 35 cm e pincele levemente com azeite.

**2** Coloque em uma tigela o azeite, o saquê, o manjericão, o suco e as raspas de limão e misture bem.

**3** Disponha 4 vieiras no centro de cada pedaço de papel-alumínio. Regue com o molho e junte as pontas para formar uma trouxinha. Coloque todas em uma assadeira e asse por 10 minutos. Abra as trouxinhas e sirva.

62

# espaguete com mexilhões

O tempero tailandês desta massa é muito saboroso. Os mexilhões têm baixo teor de gordura e são ricos em ácido fólico e vitaminas B, que protegem o coração, além de ferro e zinco, bons para o sistema imunológico.

**2 colhes (sopa) de azeite**
**3 dentes de alho amassados**
**2 colheres (chá) de gengibre ralado**
**2 pimentas vermelhas sem sementes bem picadas**
**12 tomates-cereja cortados ao meio**
**900 g de mexilhões limpos nas conchas**
**125 ml de vinho branco**
**350 g de espaguete**
**manjericão picado**

**1** Aqueça o azeite em uma frigideira em fogo médio. Junte o alho, o gengibre e a pimenta e refogue por 1 minuto. Adicione os tomates, os mexilhões e o vinho, tampe e cozinhe por 3-4 minutos, sacudindo a panela, até as conchas se abrirem. Descarte as que não abrirem.
**2** Cozinhe o espaguete em uma panela grande com água fervente até ficar al dente. Escorra bem e misture delicadamente com os mexilhões. Salpique com o manjericão e sirva.

**4 PORÇÕES**

**PREPARO + COZIMENTO**
15 + 15 minutos

**CONSERVAÇÃO**
É melhor consumir imediatamente, mas as sobras podem ser mantidas na geladeira até o dia seguinte.

**SIRVA COM...**
Vinagrete de manga (p. 66)
Espetos de frutas tropicais (p. 139)

**BENEFÍCIOS À SAÚDE**
O gengibre e a pimenta são ótimos para a circulação e ajudam a desintoxicar o organismo. O gengibre também contém óleos aromáticos com grandes propriedades antissépticas e pode evitar náuseas. O alho é um poderoso antioxidante, com óleos voláteis bons para o coração e para o sistema imunológico.

# refogado de frutos do mar

Esta versão de um prato chinês bastante popular também é ótima com frango, peixe ou legumes.

**4 PORÇÕES**

**PREPARO + COZIMENTO**
15 + 6 minutos

**CONSERVAÇÃO**
É melhor consumir imediatamente, mas as sobras podem ser conservadas na geladeira até o dia seguinte.

**SIRVA COM...**
macarrão oriental
Brócolis com gergelim (p. 70)
Pudim de arroz com morangos (p. 128)

**BENEFÍCIOS À SAÚDE**
Os frutos do mar são ricos em proteína, que é essencial para o crescimento e a manutenção dos músculos e dos tecidos do corpo. Também têm muitas vitaminas B, necessárias para a saúde do tecido nervoso e a produção de energia, além de iodo, zinco e selênio.

**600 g de frutos do mar limpos, como camarões, vieiras e anéis de lula**
**4 cebolinhas picadas**
**1 pimenta vermelha sem sementes fatiada**
**1 dente de alho amassado**
**1 colher (sopa) de azeite**

**Molho agridoce:**
**2 colheres (chá) de farinha de milho**
**2 colheres (chá) de vinagre de arroz**
**1 cm de gengibre ralado**
**1 colher (sopa) de açúcar mascavo**
**2 colheres (sopa) de ketchup sem sal nem açúcar**
**1 colher (sopa) de tamari**
**225 g de abacaxi em conserva escorrido com o suco separado**

**1** Coloque em uma tigela os frutos do mar, as cebolinhas, a pimenta e o alho e misture bem.
**2** Para fazer o molho, bata a farinha com o vinagre. Coloque a mistura numa panela com o gengibre, o açúcar, o ketchup, o tamari e o suco de abacaxi, deixe ferver e abaixe o fogo. Cozinhe em fogo baixo por 5 minutos, até engrossar.
**3** Aqueça o azeite em uma wok. Refogue os frutos do mar e os legumes por 3-4 minutos. Adicione os pedaços de abacaxi e o molho, refogue por 1-2 minutos e sirva.

# bolinhos de caranguejo

A maioria dos bolinhos de peixe prontos leva sal como tempero e conservante. O limão e o wasabi (raiz-forte japonesa) dão sabor a este prato sem necessidade de sal.

**300 g de carne branca de caranguejo**
**2 cebolinhas bem picadas**
**1 colher (chá) de wasabi**
**1 colher (chá) de tamari**
**¼ de colher (chá) de pimenta--do-reino**
**folhas de coentro picadas**
**2 colheres (chá) de suco de limão**
**2 colheres (sopa) de farinha sem glúten**
**1 colher (sopa) de azeite**

**1** Coloque todos os ingredientes no processador, menos o azeite, e bata até obter uma pasta grossa. Ponha-a em uma tigela, cubra e deixe esfriar por 15 minutos.
**2** Molde oito bolinhos achatados com a massa. Aqueça o azeite em uma frigideira e frite os bolinhos por 3-4 minutos de cada lado, até dourarem e cozinharem por dentro. Sirva quente.

**4 PORÇÕES**

**PREPARO + COZIMENTO**
15 + 15 minutos + resfriamento

**CONSERVAÇÃO**
Prepare os bolinhos com antecedência e conserve-os na geladeira, sem cozinhar, por até 2 dias ou no congelador por até 1 mês.

**SIRVA COM...**
Coleslaw oriental (p. 67)
Molho de alho e pimenta (p. 51)
Peras pochées (p. 135)

**BENEFÍCIOS À SAÚDE**
O caranguejo é uma excelente fonte de proteína e de muitas vitaminas que protegem o coração, incluindo ácido fólico e vitamina B6, além de selênio, magnésio, potássio e zinco. Contém também ômega-3.

# pescada no vapor

Cozinhar no vapor é uma das melhores maneiras de reter todo o sabor e os nutrientes dos alimentos, especialmente de peixes delicados.

**4 PORÇÕES**

**PREPARO + COZIMENTO**
10 + 15 minutos

**CONSERVAÇÃO**
O peixe pode ser marinado com antecedência e conservado na geladeira por até 1 dia.

**SIRVA COM...**
Arroz de coco (p. 73)
Coleslaw oriental (p. 67)
Pudins de pera (p. 129)

**BENEFÍCIOS À SAÚDE**
As frutas cítricas são ricas em fitoquímicos e antioxidantes, que ajudam o sistema imunológico, reduzem inflamações, combatem o câncer e previnem doenças cardiovasculares. Também são ricas em fibras e, por isso, excelentes para o sistema digestório.

**2 pescadas com cerca de 500 g cada uma, limpas e sem espinhas**
**suco e raspas de 1 limão**
**suco e raspas de 1 laranja**
**2 cm de gengibre ralado**
**1 pimenta vermelha pequena sem sementes picada**
**2 cebolinhas picadas**
**folhas de coentro**

**1** Com uma faca afiada, faça 5-6 cortes diagonais em cada lado do peixe. Coloque-os em uma travessa refratária que caiba em uma panela a vapor ou em pedaços de papel-alumínio.

**2** Ponha em uma tigela o suco e as raspas de limão e de laranja, o gengibre, a pimenta, as cebolinhas e o coentro e mexa bem. Disponha a mistura sobre o peixe. Feche os pacotinhos de papel-alumínio, se estiver usando.

**3** Cozinhe no vapor por 15 minutos. Coloque o peixe nos pratos, regue com o molho do cozimento e sirva.

# bolinhos de peixe ao molho de coco

As ervas e os temperos deste prato perfumado dão muito sabor, sem necessidade de sal.

**650 g de filés de peixe de carne firme, como pescada-amarela ou linguado**
**2 dentes de alho amassados**
**2 colheres (sopa) de farinha de milho**
**folhas de coentro picadas**
**1 colher (chá) de suco de limão**

**Molho de coco:**
**2 cebolas pequenas picadas**
**2 pimentas vermelhas sem sementes picadas**
**2 dentes de alho**
**1 colher (sopa) de azeite**
**3 tomates sem sementes picados**
**400 ml de leite de coco**

**1** Bata no processador o peixe, o alho, a farinha, o coentro e o suco de limão por 2-3 minutos, até obter uma massa. Faça 8 bolinhos com ela.
**2** Bata no processador as cebolas, as pimentas e o alho até se formar uma pasta. Aqueça o azeite em uma frigideira grande, coloque a pasta e refogue por 1 minuto.
**3** Junte os tomates, o leite de coco e os bolinhos de peixe. Deixe ferver, abaixe o fogo e cozinhe por 5-7 minutos, virando de vez em quando, até que o peixe cozinhe e o molho engrosse. Sirva imediatamente.

**4 PORÇÕES**

**PREPARO + COZIMENTO**
5 + 8 minutos

**CONSERVAÇÃO**
Prepare com antecedência e conserve na geladeira, sem cozinhar, por até 1 dia ou no congelador por até 1 mês.

**SIRVA COM...**
Pão condimentado (p. 82)
Brócolis com gergelim (p. 70)
Sorbet de laranja e romã (p. 136)

**BENEFÍCIOS À SAÚDE**
Os peixes de carne branca são uma grande fonte de proteína e têm pouca gordura. O alho, as pimentas e as cebolas são ótimos para o sistema imunológico e fantásticos para o coração – pois reduzem o colesterol "ruim" e a pressão alta e afinam o sangue.

# salmão com gremolata

**BENEFÍCIOS À SAÚDE**
No salmão encontra-se um componente químico chamado dimetilaminoetanol, ou DMAE, antioxidante que estimula a função nervosa e protege as células dos radicais livres. Também é excelente fonte de ômega-3, que reduz o risco de doenças cardíacas e fortalece o sistema cardiovascular.

A gremolata, mistura italiana de salsa, raspas de limão e alho, tem um sabor picante que elimina a necessidade de sal. Fácil de fazer e rica em antioxidantes, pode acompanhar pratos com massas e arroz ou ser usada como tempero de carne ou carneiro. O salmão desta receita é uma excelente fonte de ômega-3.

- folhas de salsa bem picadas
- suco e raspas de 1 limão
- 2 dentes de alho amassados
- 3 colheres (sopa) de azeite
- 4 filés de salmão com pele
- 10 tomates-cereja cortados ao meio
- 10 tomates-cereja amarelos cortados ao meio
- pimenta-do-reino moída na hora

**1** Faça a gremolata: em uma tigela, misture bem a salsa, o suco e as raspas de limão, o alho e 2 colheres (sopa) de azeite.

**2** Passe 1 colher (sopa) de azeite nos filés e tempere com pimenta-do-reino. Aqueça uma frigideira. Grelhe o peixe por 2-3 minutos, com a pele para baixo. Vire e cozinhe por mais 4-5 minutos.

**3** Ponha os tomates em uma tigela, junte 1 colher (sopa) da gremolata e misture bem. Divida os tomates em quatro pratos e cubra com o salmão. Regue com o restante da gremolata e sirva.

**4 PORÇÕES**

**PREPARO + COZIMENTO**
10 + 8 minutos

**CONSERVAÇÃO**
Prepare a gremolata com antecedência e conserve na geladeira por até 3 dias.

**SIRVA COM...**
vagens no vapor
ou salada de agrião
Cheesecake de limão e mirtilo (p. 130)

**Os componentes anti-inflamatórios da salsa e do manjericão são bons para casos de artrite e inflamação intestinal.**

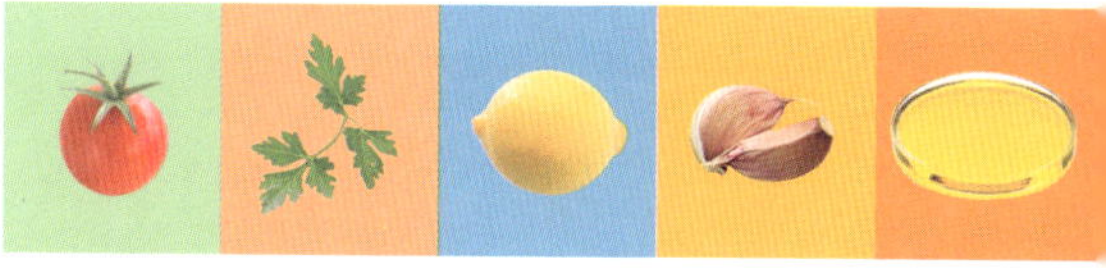

68

# truta grelhada

Este prato rápido é rico em vitaminas, minerais e ácidos graxos. O gergelim confere ao peixe uma textura deliciosamente crocante e contém um composto chamado sesamina, que protege o coração e o fígado.

**4 PORÇÕES**

**PREPARO + COZIMENTO**
5 + 8 minutos

**CONSERVAÇÃO**
Prepare o peixe com antecedência e mantenha na geladeira durante a noite até a hora de cozinhar.

**SIRVA COM...**
Abobrinha com limão e hortelã (p. 69)
Batata-doce com mel e laranja (p. 71)
Tortas de cereja e ricota (p. 132)

**BENEFÍCIOS À SAÚDE**
A truta é rica em ômega-3, importante para a saúde da pele, das articulações e do coração. O óleo e as sementes de gergelim têm grande quantidade de ômega-6 e vitamina E, bons para a pele e a circulação, além de vitaminas B, que ajudam a combater o estresse.

**4 filés de truta com cerca de 200 g cada um, com pele**
**4 ½ colheres (chá) de óleo de gergelim**
**4 colheres (sopa) de gergelim**
**pimenta-do-reino moída na hora**

**1** Preaqueça a grelha do forno em fogo alto. Pincele a truta com metade do óleo e salpique com pimenta-do-reino. Pressione as sementes de gergelim no alto e nas laterais dos filés.

**2** Aqueça uma frigideira em fogo alto, coloque a truta com a pele para baixo e frite por 3-4 minutos.

**3** Ponha a truta em uma assadeira, ainda com a pele para baixo, e regue com o restante do óleo. Leve ao forno por 3-4 minutos, até dourar, e sirva.

# atum grelhado com molho de manga e wasabi

O wasabi (raiz-forte japonesa) proporciona um sabor vibrante, sem necessidade de sal.

**5 colheres (sopa) de azeite**
**suco de 1 limão**
**1 dente de alho amassado**
**4 filés de atum com cerca de 2 cm**

**Molho de manga e wasabi:**
**2 colheres (sopa) de suco de limão**
**¼ de colher (chá) de wasabi**
**1 manga picada**
**2 cebolinhas picadas**
**1 tomate sem sementes bem picado**
**folhas de coentro picadas**

**1** Coloque o azeite, o suco de limão e o alho em uma tigela. Misture bem, junte os filés e deixe marinar por 30 minutos.
**2** Para fazer o molho, misture o suco de limão e o wasabi e acrescente os outros ingredientes. Reserve.
**3** Aqueça uma frigideira de fundo estriado, ponha os filés de atum e frite por 2-3 minutos de cada lado. Sirva com o molho.

**4 PORÇÕES**

**PREPARO + COZIMENTO**
15 + 6 minutos + marinada

**CONSERVAÇÃO**
As sobras do filé de atum podem ser mantidas na geladeira por até 2 dias. Sirva-as frias com pão sírio ou em saladas.

**SIRVA COM...**
Coleslaw oriental (p. 67)
Pão condimentado (p. 82)
Sorbet de laranja e romã (p. 136)

**BENEFÍCIOS À SAÚDE**
O atum fresco é uma excelente fonte de ácidos graxos ômega-3, conhecidos como DHA e EPA, vitais para a função cerebral e o sistema nervoso, além de melhorarem o humor. O atum fresco é melhor que o enlatado, que perde os ácidos graxos no processo de industrialização.

70

# frango com chermoula

**4 PORÇÕES**

**PREPARO + COZIMENTO**
10 + 25 minutos + marinada

**CONSERVAÇÃO**
O frango pode ser marinado na geladeira durante a noite para que os sabores se concentrem.

**SIRVA COM...**
Salada de quinua (p. 62)
salada verde
Pudim de arroz com morangos (p. 128)

**BENEFÍCIOS À SAÚDE**
Temperos como cominho, pimenta e coentro são bons para a digestão e muito usados pelos asiáticos para aliviar problemas gastrointestinais. Também têm propriedades antibacterianas, que ajudam a combater tosses e resfriados.

Esta marinada picante, conhecida como chermoula, leva ervas e temperos em vez de sal para realçar o sabor.

**1 colher (chá) de cominho em pó**
**1 colher (chá) de coentro em pó**
**folhas de coentro picadas**
**folhas de salsa picadas**
**1 pimenta vermelha sem sementes picada**
**1 dente de alho amassado**
**suco e raspas de 1 limão**
**½ colher (chá) de páprica**
**4 filés de peito de frango**
**1 colher (sopa) de azeite**

**1** Coloque todos os ingredientes em uma tigela, menos o frango e o azeite, e misture bem. Esfregue os filés de frango com a mistura. Cubra e deixe na geladeira por 2-3 horas ou durante a noite.

**2** Preaqueça o forno a 180°C. Ponha o frango em uma assadeira, regue com o azeite e asse por 20-25 minutos, até ficar totalmente cozido e com o sumo bem claro. Sirva imediatamente.

71

# frango assado com pesto

O frango assado com este pesto delicioso fica úmido e suculento. A carne de frango é rica em vitaminas B, importantes para combater o estresse e manter a energia.

1 receita de Pesto de sementes de abóbora (p. 48)
4 peitos de frango com pele
1 colher (sopa) de azeite
suco de 1 limão

**1** Preaqueça o forno a 200°C. Solte a pele do frango, deixando-a intacta de um lado. Espalhe o pesto em cada peito e coloque a pele de volta para fechar.
**2** Aqueça 1 colher (chá) de azeite em uma frigideira. Coloque os peitos, com a pele para baixo, e refogue por 1-2 minutos, até dourar.
**3** Disponha o frango numa assadeira e regue com o suco de limão e o restante do azeite. Asse por 20-30 minutos, até ficar totalmente cozido e o suco bem claro, e sirva.

**4 PORÇÕES**

**PREPARO + COZIMENTO**
15 + 35 minutos

**CONSERVAÇÃO**
As sobras do frango podem ser mantidas na geladeira por até 2 dias.

**SIRVA COM...**
Batata-doce com mel e laranja (p. 71)
Beterraba assada (p. 68)
salada mista
Suflês de laranja e chocolate (p. 133)

**BENEFÍCIOS À SAÚDE**
O azeite é rico em gorduras monoinsaturadas, que previnem doenças cardíacas e ajudam a manter o nível do "bom" colesterol no organismo. Também é menos suscetível ao calor do que o óleo de girassol e de outras sementes.

72

# frango indiano

Os molhos e pastas indianos são de preparo rápido e fácil.

**4 PORÇÕES**

**PREPARO + COZIMENTO**
15 + 10 minutos + marinada

**CONSERVAÇÃO**
As sobras podem ser mantidas na geladeira até o dia seguinte e usadas em wraps ou sanduíches.

**SIRVA COM...**
Arroz de coco (p. 73)
Coleslaw oriental (p. 67)
salada mista
Sorbet de laranja e romã (p. 136)

**BENEFÍCIOS À SAÚDE**
O iogurte não só é uma fonte de cálcio, que fortalece ossos e dentes, mas também possui a bactéria probiótica, que aumenta a imunidade e protege o sistema digestório contra infecções. O iogurte desnatado e o integral contém quantidades equivalentes de cálcio.

**150 ml de iogurte natural**
**½ cebola bem picada**
**2,5 cm de gengibre ralado**
**1 dente de alho amassado**
**1 colher (chá) de coentro moído**
**2 colheres (sopa) de suco de limão**
**½ colher (chá) de cúrcuma**
**1 colher (chá) de garam masala**
**4 peitos de frango sem pele em pedaços pequenos**
**azeite para untar**

**1** Coloque todos os ingredientes em uma tigela, menos o frango e o azeite, e misture bem. Junte o frango, cubra e deixe marinar na geladeira por 2-3 horas.
**2** Deixe 8 palitos de bambu de molho na água por 30 minutos. Preaqueça o forno em temperatura média.
**3** Enfie o frango nos palitos, ponha-os em uma assadeira untada com azeite e leve ao forno. Grelhe por 7-9 minutos, virando na metade do cozimento, até ficar levemente queimado, totalmente cozido e liberando um suco claro. Sirva em seguida.

73

# hambúrgueres de peru

Estes hambúrgueres de peru têm uma doçura sutil graças aos damascos.

**125 g de damascos secos bem picados**
**2 colheres (sopa) de suco de laranja**
**450 g de peito de peru moído**
**2 cebolas pequenas bem picadas**
**2 colheres (sopa) de salsa picada**
**2 colheres (sopa) de azeite, mais um pouco para untar**

**1** Coloque os damascos com o suco de laranja em uma tigela grande e deixe de molho por 5 minutos.

**2** Junte o peru, as cebolas e a salsa aos damascos e misture bem. Forme 8 bolinhos pequenos ou 4 hambúrgueres maiores. Cubra e leve à geladeira por 30 minutos.

**3** Preaqueça a grelha ou o forno em temperatura alta. Ponha os hambúrgueres em uma assadeira levemente untada e pincele-os com azeite. Grelhe por 10 minutos de cada lado, até ficarem inteiramente cozidos. Se preferir, frite os hambúrgueres por 3-4 minutos de cada lado. Sirva quente.

**4 PORÇÕES**

**PREPARO + COZIMENTO**
15 + 20 minutos + resfriamento

**CONSERVAÇÃO**
Prepare com antecedência e conserve na geladeira, sem cozinhar, por até 2 dias ou no congelador por até 1 mês.

**SIRVA COM...**
pão integral
salada mista
Batata-doce com mel e laranja (p. 71)
Figos grelhados (p. 138)

**BENEFÍCIOS À SAÚDE**
A carne de peru é nutritiva, rica em proteína, com baixo teor de gordura saturada e alto teor de triptofano, que é convertido pelo organismo em serotonina – o hormônio do bem-estar, que ajuda a dormir. Também é ótima fonte de selênio, importante para o sistema imunológico.

# codorna assada

A calda de romã dá um maravilhoso sabor agridoce a este prato.

**4 PORÇÕES**

**PREPARO + COZIMENTO**
15 + 30 minutos + marinada

**CONSERVAÇÃO**
As sobras da codorna podem ser mantidas na geladeira por até 2 dias. Sirva fria com salada.

**SIRVA COM...**
salada mista
Salada de quinua (p. 62)
Cheesecake de limão e mirtilo (p. 130)

**BENEFÍCIOS À SAÚDE**
As aves, como frango, codorna, peru e pato, são boas fontes de vitaminas B, que combatem o estresse, além de ferro, zinco e proteínas – importantes para o sistema imunológico, para a recuperação dos tecidos e para a formação de novas células. As vitaminas B, especialmente o ácido fólico, reduzem os níveis de homocisteína, ligada a doenças do coração.

**4 codornas assadas**
**1 romã cortada ao meio**

**Marinada:**
**4 colheres (sopa) de calda de romã**
**2 dentes de alho amassados**
**½ colher (chá) de canela em pó**
**1 colher (sopa) de azeite**

**Molho:**
**3 colheres (sopa) de calda de romã**
**suco e raspas de ½ limão**
**1 colher (chá) de mel**
**3 colheres (sopa) de azeite**

**1** Ponha todos os ingredientes da marinada em uma tigela e misture bem. Coloque-a sobre as codornas, cubra e leve à geladeira por 1-2 horas.

**2** Junte todos os ingredientes do molho em uma tigela e misture bem.

**3** Preaqueça o forno a 200°C. Disponha as codornas em uma assadeira e asse por 30 minutos, virando uma vez, até ficarem totalmente cozidas. Retire do forno e deixe descansar por 5 minutos.

**4** Coloque as sementes da romã em uma vasilha. Corte as codornas e arrume-as em quatro pratos. Regue com o molho, salpique com as sementes de romã e sirva.

# pato com molho cítrico

A erva-doce é rica em potássio, que ajuda a regular os níveis de sódio do corpo.

**3 tangerinas**
**1 colher (sopa) de molho de peixe**
**suco de 1 limão**
**4 peitos de pato**
**1 colher (sopa) de azeite**
**1 erva-doce bem picada**
**1 cebola roxa picada**
**2 dentes de alho picados**
**pimenta-do-reino moída na hora**

**1** Preaqueça o forno a 200°C. Esprema 2 das tangerinas e divida a terceira em gomos. Junte o suco e os gomos com o molho de peixe e o suco de limão e mexa bem.

**2** Faça 5-6 cortes diagonais na pele do pato e tempere com pimenta-do-reino. Aqueça uma frigideira até ficar bem quente. Toste o pato por 2-3 minutos de cada lado até dourar, abaixe o fogo e frite por 10 minutos com a pele para baixo. Ponha numa assadeira e asse por 10 minutos, até que esteja inteiramente cozido e o sumo bem claro.

**3** Aqueça o azeite, adicione a erva-doce, a cebola e o alho e refogue em fogo médio por 3-4 minutos, até ficar levemente macio. Acrescente a mistura de tangerina e cozinhe por 1-2 minutos, até o molho ficar borbulhante e cremoso.

**4** Deixe o pato descansar por 5 minutos e fatie-o. Espalhe por cima os legumes com o molho e sirva.

**4 PORÇÕES**

**PREPARO + COZIMENTO**
15 + 35 minutos

**CONSERVAÇÃO**
Prepare a mistura de tangerinas com antecedência e conserve na geladeira por até 3 horas. O pato cozido pode ser mantido na geladeira por até 2 dias.

**SIRVA COM...**
Batata-doce com mel e laranja (p. 71)
salada mista
Tortas de cereja e ricota (p. 132)

**BENEFÍCIOS À SAÚDE**
Embora o pato tenha altos índices de colesterol, na verdade tem pouca gordura saturada, especialmente se a pele for removida. É uma boa fonte de ferro, ótimo para o sistema imunológico, e de vitamina B2, que combate o estresse. O molho cítrico é rico em vitamina C, importante para o sistema imunológico.

76

# porco com marsala

O marsala, vinho italiano fortificado, tem um sabor doce, robusto, e é um par perfeito para as costeletas de porco.

**4 PORÇÕES**

**PREPARO + COZIMENTO**
5 + 20 minutos

**CONSERVAÇÃO**
As sobras podem ser mantidas na geladeira até o dia seguinte.

**SIRVA COM...**
purê de batata-doce
Beterraba assada (p. 68)
frutas frescas
Biscoitos amaretto (p. 90)

**BENEFÍCIOS À SAÚDE**
O alho é um alimento bom para o coração, pois ajuda a reduzir a pressão sanguínea e o colesterol. Também pode diminuir o risco de ataque cardíaco e derrame, já que torna o sangue menos viscoso e menos suscetível a coágulos.

**4 costeletas de porco**
**2 colheres (sopa) de farinha de trigo**
**2 colheres (sopa) de azeite**
**4 folhas de sálvia**
**1 colher (sopa) de manteiga**
**2 dentes de alho amassados**
**6 colheres (sopa) de marsala**
**pimenta-do-reino moída na hora**

**1** Polvilhe as costeletas com a farinha e tempere com pimenta-do-reino. Aqueça o azeite em uma frigideira, coloque as folhas de sálvia e as costeletas. Frite por 6-8 minutos de cada lado, até ficarem totalmente cozidas. Retire da frigideira e mantenha-as aquecidas.
**2** Coloque a manteiga, o alho e o marsala na frigideira. Aqueça por 3-4 minutos até engrossar.
**3** Despeje o molho sobre as costeletas e sirva.

# porco caribenho

Os limões têm bioflavonoides, que, junto com a vitamina C, fortalecem os vasos sanguíneos e protegem o sistema cardiovascular.

**1 kg de carne de porco magra**
**1 pimentão vermelho sem sementes em pedaços**
**½ abacaxi sem o miolo em pedaços**
**1 pimenta vermelha sem sementes picada**
**1 cebola roxa picada**
**folhas de coentro**
**suco e raspas de 1 limão**
**1 dente de alho picado**
**200 ml de creme de coco**
**¼ de colher (chá) de canela em pó**
**2 colheres (sopa) de azeite**

**1** Preaqueça o forno a 180°C. Coloque a carne de porco, o pimentão e o abacaxi em uma assadeira grande. Bata os outros ingredientes no processador por 2-3 minutos e despeje a mistura sobre a carne. Se tiver tempo, tampe e deixe marinar na geladeira por 1-2 horas ou durante a noite.

**2** Cubra a assadeira com papel-alumínio e asse por 2 horas, regando com o molho várias vezes. Retire do forno e deixe descansar por 15 minutos. Fatie, cubra com o molho da assadeira e sirva com legumes.

**4 PORÇÕES**

**PREPARO + COZIMENTO**
15 + 2 horas + marinada

**CONSERVAÇÃO**
Marine a carne de porco com antecedência e deixe na geladeira durante a noite.

**SIRVA COM...**
Batatas com páprica e limão (p. 72)
salada mista
Espetos de frutas tropicais (p. 139)

**BENEFÍCIOS À SAÚDE**
O coco é rico em ácido láurico, que tem propriedades antivirais e antimicrobianas que ajudam o organismo a combater infecções. O óleo de coco é muito estável e não é prejudicado pelo calor, o que o torna excelente opção para cozinhar.

**4 PORÇÕES**

**PREPARO + COZIMENTO**
10 + 15 minutos

**CONSERVAÇÃO**
As sobras podem ser mantidas na geladeira por até 2 dias.

**SIRVA COM...**
Coleslaw oriental (p. 67)
Peras pochées (p. 135)

**BENEFÍCIOS À SAÚDE**
O pepino é um diurético bastante conhecido – seu alto teor de água e minerais ajuda o organismo a eliminar o excesso de água e manter a pressão baixa. Grande desintoxicante e rico em sílica, é ótimo para a beleza – especialmente da pele e do cabelo.

# macarrão oriental com carne de porco

Esta versão oriental do espaguete à bolonhesa tem baixo teor de sal, é fácil de fazer e um sucesso entre as crianças.

**1 colher (sopa) de tamari**
**2 colheres (sopa) de molho de pimenta-doce**
**suco de 1 limão**
**2 colheres (sopa) de óleo de gergelim**
**2 cebolinhas picadas**
**500 g de carne de porco moída**
**250 g de macarrão oriental**
**½ pepino em palitinhos**
**4 colheres (sopa) de iogurte natural**

**1** Junte o tamari, o molho de pimenta-doce, o suco de limão e 5 colheres (sopa) de água e misture bem.
**2** Aqueça o óleo em uma wok. Junte as cebolinhas e a carne e refogue em fogo médio por 3-4 minutos, até dourar. Adicione a mistura de tamari e cozinhe por 6-8 minutos.
**3** Enquanto isso, coloque o macarrão em uma tigela refratária, cubra com água fervente e deixe descansar por 4 minutos ou conforme as instruções da embalagem. Escorra bem, ponha-o na wok e misture.
**4** Divida o macarrão com a carne em quatro tigelas. Misture o pepino e o iogurte, coloque sobre o macarrão e sirva imediatamente.

79

# carneiro coberto com polenta

Estas costeletas de carneiro são cobertas por uma crosta de polenta temperada com ervas frescas, que também pode ser usada com peixe e frango. Se quiser, use farinha sem glúten.

**8 costeletas de carneiro**
**2 colheres (sopa) de farinha de trigo**
**1 ovo batido**
**75 g de polenta**
**2 colheres (cha) de tomilho bem picado**
**2 colheres (chá) de alecrim bem picado**
**2 dentes de alho amassados**

**1** Preaqueça o forno em temperatura alta. Achate as costelas levemente com um rolo e polvilhe-as com farinha.
**2** Ponha o ovo em uma tigela rasa. Coloque a polenta, as ervas e o alho em um prato e misture bem. Molhe o carneiro no ovo e cubra com a polenta.
**3** Leve as costeletas ao forno por 5 minutos de cada lado, até ficarem douradas e completamente assadas. Sirva.

**4 PORÇÕES**

**PREPARO + COZIMENTO**
10 + 10 minutos

**CONSERVAÇÃO**
Prepare com antecedência e conserve na geladeira por até 1 dia.

**SIRVA COM...**
Batatas com páprica e limão (p. 72)
Abobrinha com limão e hortelã (p. 69)
Frutas vermelhas crocantes (p. 134)

**BENEFÍCIOS À SAÚDE**
A carne de carneiro, como outras carnes vermelhas, é rica em ferro e proteína. Também tem muitas vitaminas B, especialmente a B12, boa para manter o humor e para o coração.

**10 UNIDADES**

**PREPARO + COZIMENTO**
20 + 12 minutos + resfriamento

**CONSERVAÇÃO**
Mantenha os kaftas na geladeira, sem cozinhar, por até 2 dias ou no congelador por até 1 mês.

**SIRVA COM...**
Vinagrete de manga (p. 66)
Pão condimentado (p. 82)
Figos grelhados (p. 138)

**BENEFÍCIOS À SAÚDE**
A cebola contém uma substância chamada alicina, antibiótico natural que ajuda a combater infecções. A cebola roxa é particularmente rica em quercetina, antioxidante com propriedades anti-inflamatórias que auxilia na prevenção do câncer. Ótima também para o coração, a cebola é diurética e ajuda a regular a pressão sanguínea e a baixar o colesterol.

# kafta com iogurte e hortelã

Estes kaftas picantes são ótimos em churrascos.

**900 g de carne de carneiro moída**
**2 cebolas raladas**
**2 dentes de alho amassados**
**2 colheres (chá) de coentro em pó**
**2 colheres (chá) de cominho em pó**
**1 colher (chá) de pimenta-do-reino**
**2 colheres (sopa) de salsa picada**
**azeite para pincelar**

**Molho de iogurte e hortelã:**
**150 ml de iogurte natural**
**2 colheres (sopa) de hortelã picada**
**pimenta-do-reino moída na hora**

**1** Coloque o carneiro, a cebola, o alho, os temperos e a salsa em uma tigela grande. Misture bem, cubra e leve à geladeira por 1 hora.
**2** Para o molho, misture o iogurte e a hortelã e tempere com a pimenta. Cubra e deixe na geladeira até a hora de servir.
**3** Coloque 10 espetos de molho na água por 30 minutos. Preaqueça o forno em temperatura alta.
**4** Divida a mistura de carneiro em 10 pedaços. Pressione cada um em torno de um espeto, formando uma espécie de linguiça. Pincele com azeite e leve ao forno por 10-12 minutos, virando sempre, até os kaftas dourarem e ficarem bem assados. Sirva com o molho de iogurte.

# hambúrgueres marroquinos

Sirva estes deliciosos hambúrgueres com molho de tomate caseiro, em vez de ketchup industrializado, que tem muito sal e açúcar.

**1 pimenta vermelha sem sementes picada**
**folhas de coentro**
**suco de ½ limão**
**2 dentes de alho amassados**
**1 colher (chá) de páprica**
**½ cebola roxa bem picada**
**500 g de carne bovina magra moída**
**azeite para untar**

**1** Bata no processador a pimenta, o coentro, o suco de limão, o alho e a páprica até formar uma pasta. Junte a cebola e a carne moída e misture bem com as mãos.

**2** Molde 8 hambúrgueres com a mistura. Cubra e leve à geladeira por 30 minutos.

**3** Preaqueça o forno em temperatura alta. Coloque os hambúrgueres em uma assadeira untada e leve ao forno por 7-8 minutos de cada lado, até assar. Sirva.

**4 PORÇÕES/8 UNIDADES**

**PREPARO + COZIMENTO**
15 + 16 minutos + resfriamento

**CONSERVAÇÃO**
Prepare os hambúrgueres com antecedência e conserve-os na geladeira, sem cozinhar, por até 2 dias ou no congelador por até 1 mês.

**SIRVA COM...**
Molho de tomate (p. 19)
pão integral
salada de alface e tomate
Suflês de laranja e chocolate (p. 133)
frutas frescas

**BENEFÍCIOS À SAÚDE**
O tomate é rico em carotenoides, importantes antioxidantes que ajudam a retardar o processo de envelhecimento, diminuem o risco de doenças cardíacas e derrames e ajudam a proteger a pele e os olhos dos efeitos do sol. Também tem muito licopeno – importante para prevenir o câncer, especialmente da próstata.

# filé mignon com nozes

A carne magra é uma ótima fonte de ferro e zinco, importantes para o sistema imunológico.

**4 PORÇÕES**

**PREPARO + COZIMENTO**
10 + 12 minutos + resfriamento

**CONSERVAÇÃO**
Você pode marinar a carne com antecedência e conservar na geladeira durante a noite.

**SIRVA COM...**
salada de folhas verdes
Salada de quinua (p. 62)
Pudins de pera (p. 129)

**BENEFÍCIOS À SAÚDE**
As oleaginosas são ricas em ômega-3 e ômega-6, além de gorduras monoinsaturadas, importantes para o sistema cardiovascular. Elas reduzem o LDL (colesterol "ruim") e impedem a formação de coágulos. Também contêm ácido elágico, que tem propriedades anticancerígenas, e vitaminas B, que aumentam a energia.

**1 colher (sopa) de vinagre tinto**
**2 colheres (chá) de grãos de pimenta-preta amassados**
**900 g de filé mignon em bifes**
**55 g de nozes tostadas picadas**

**Molho:**
**2 colheres (sopa) de vinagre balsâmico**
**3 colheres (sopa) de óleo de nozes**
**3 colheres (sopa) de azeite extravirgem**
**1 cebola bem picada**

**1** Coloque o vinagre e a pimenta em um prato grande raso, junte os filés, envolva-os bem e deixe marinar por 15 minutos.

**2** Misture todos os ingredientes do molho em uma tigela e reserve.

**3** Aqueça uma frigideira em fogo alto. Grelhe os filés por 1-2 minutos de cada lado. Abaixe o fogo e doure por 3-4 minutos de cada lado. Retire da frigideira e deixe descansar por 5 minutos.

**4** Corte os filés em fatias finas e divida em quatro pratos. Salpique com as nozes, cubra com o molho e sirva imediatamente.

83

# filés com molho de vinho tinto

Este delicioso molho de vinho tinto é muito saboroso e não tem sal.

4 bifes de filé mignon com cerca de 200 g cada um
1 colher (sopa) de azeite
2 cebolas pequenas picadas
80 ml de vinho tinto
1 colher (sopa) de vinagre tinto
1 colher (sopa) de manteiga
pimenta-do-reino moída na hora

**1** Tempere os filés com a pimenta. Aqueça o azeite em uma frigideira, coloque as cebolas e refogue em fogo médio por 1 minuto. Junte os filés e frite por 4-5 minutos de cada lado. Disponha-os numa travessa e deixe descansar enquanto você faz o molho.
**2** Ponha o vinho, o vinagre e a manteiga na frigideira. Quando a manteiga derreter, deixe o molho cozinhar em fogo baixo por 1-2 minutos até engrossar levemente.
**3** Fatie os filés e arrume-os em quatro pratos. Cubra com o molho e sirva.

**4 PORÇÕES**

**PREPARO + COZIMENTO**
5 + 15 minutos

**CONSERVAÇÃO**
É melhor consumir imediatamente. As sobras da carne podem ser mantidas na geladeira por até 2 dias e servidas frias em saladas e sanduíches.

**SIRVA COM...**
Batatas com páprica e limão (p. 72)
legumes no vapor
Suflês de laranja e chocolate (p. 133)

**BENEFÍCIOS À SAÚDE**
Quando consumido com moderação, o vinho tinto é benéfico à saúde, pois contém o antioxidante resveratrol, que retarda o envelhecimento das células. Também ajuda a controlar o colesterol e a prevenir o câncer e doenças do coração.

# curry de coco e batata-doce

**BENEFÍCIOS À SAÚDE**

O tofu é rico em fitoestrógenos, substâncias químicas que agem como hormônios e podem ajudar a reduzir o risco de alguns tipos de câncer e os sintomas da menopausa. Também é boa fonte de cálcio e de magnésio, importantes para os ossos e os dentes.

O tofu, coalho de soja, é uma proteína completa, pois contém todos os aminoácidos essenciais. Como é neutro, adquire os sabores dos alimentos com os quais é cozido, por isso não precisa de sal.

1 dente de alho amassado
2 cm de gengibre ralado
1 cebola pequena picada
1 pimenta vermelha sem sementes picada
1 colher (sopa) de suco de limão
1 colher (sopa) de azeite
250 g de tofu em pedaços
2 colheres (chá) de cúrcuma
1 batata-doce sem casca em cubos
1 pimentão vermelho sem sementes em pedaços
150 g de vagens cortadas ao meio
400 ml de leite de coco
folhas de coentro

**1** Bata no processador o alho, o gengibre, a cebola, a pimenta e o suco de limão até obter uma pasta.
**2** Aqueça o azeite em uma frigideira. Coloque o tofu e refogue em fogo médio por 6-7 minutos, até ficar dourado e crocante. Escorra em papel-toalha.
**3** Ponha a pasta e a cúrcuma no azeite da frigideira e refogue por 1-2 minutos, até começar a borbulhar. Junte a batata-doce, o pimentão, as vagens e o leite de coco. Deixe ferver, abaixe o fogo e cozinhe por 20 minutos, até a batata ficar macia. Adicione o tofu, salpique com as folhas de coentro e sirva.

4 PORÇÕES

PREPARO + COZIMENTO
15 + 30 minutos

CONSERVAÇÃO
As sobras podem ser mantidas na geladeira por até 2 dias.

SIRVA COM...
Pão condimentado (p. 82)
arroz cozido
Peras pochées (p. 135)

**Proteínas de alta qualidade prolongam a sensação de saciedade e estabilizam as taxas de glicose no sangue.**

**4 PORÇÕES**

**PREPARO + COZIMENTO**
15 minutos + 1 hora + demolha

**CONSERVAÇÃO**
Prepare com antecedência e mantenha na geladeira durante a noite. Reaqueça no forno.

**SIRVA COM...**
salada mista
Tortas de cereja e ricota (p. 132)

**BENEFÍCIOS À SAÚDE**
A cevada é rica em fibras solúveis e insolúveis, em selênio e cobre, além de outros minerais importantes para a saúde. Também é fonte de betaglucanos e polissacarídeos que ajudam a reduzir os níveis de colesterol e melhoram o sistema imunológico.

# risoto com cevada e tomate seco

Com a cevada, o conteúdo de proteína do risoto e o sabor de nozes aumentam, por isso você não sente falta do sal.

**175 g de cevadinha em grãos (deixe de molho durante a noite)**
**1 colher (sopa) de azeite**
**1 cebola picada**
**2 dentes de alho amassados**
**175 g de arroz arbóreo**
**5 tomates secos no azeite escorridos e picados**
**1 receita de Pimentão assado (p. 19)**
**4 tomates descascados e picados**
**600 ml de Caldo de legumes caseiro (p. 18)**
**2 colheres (sopa) de salsa picada**
**4 colheres (sopa) de parmesão ralado ou queijo com pouco sal**

**1** Ferva água em uma panela grande, junte a cevada, tampe, cozinhe por 35 minutos e escorra bem.
**2** Aqueça o azeite em uma panela, coloque a cebola e o alho e refogue por 2-3 minutos. Junte a cevada e todos os outros ingredientes, menos a salsa e o queijo.
**3** Deixe ferver, abaixe o fogo e cozinhe por 20 minutos, mexendo de vez em quando, até o arroz ficar macio. Salpique com a salsa e o queijo e sirva imediatamente.

98

# falafel com molho de tahine

Esta refeição rica em proteína é uma alternativa vegetariana saudável para os hambúrgueres.

400 g de grão-de-bico cozido sem sal e escorrido
1 cebola picada
1 dente de alho amassado
1 colher (chá) de cominho em grãos
1 colher (chá) de coentro em grãos
2 colheres de salsa picada
2 colheres (sopa) de farinha de arroz, mais um pouco para polvilhar
1 colher (sopa) de suco de limão
1 colher (sopa) de azeite para fritar

Molho de tahine:
suco de ½ limão
2 colheres (sopa) de tahine
2 colheres (chá) de tamari

**1** Para fazer o molho, misture bem o suco de limão, o tahine, o tamari e 3 colheres (sopa) de água.
**2** Faça o falafel: bata no processador o grão-de-bico, a cebola, o alho, os grãos, a salsa, a farinha e o suco de limão.
**3** Forme 8 bolinhos pequenos com a mistura e polvilhe com a farinha de arroz.
**4** Aqueça o azeite em uma frigideira e frite os bolinhos por 2-3 minutos de cada lado até dourarem. Sirva quente com o molho de tahine.

4 PORÇÕES

PREPARO + COZIMENTO
15 + 15 minutos

CONSERVAÇÃO
Prepare com antecedência e mantenha os bolinhos na geladeira, sem fritar, por até 2 dias ou no congelador por até 1 mês. Se estiverem fritos, conserve-os na geladeira por até 4 dias. O molho mantém-se na geladeira por até 1 semana.

SIRVA COM...
pão sírio integral
Pão condimentado (p. 82)
salada mista
Peras pochées (p. 135)

BENEFÍCIOS À SAÚDE
O grão-de-bico, a lentilha, o broto de feijão e o feijão-azuki são ricos em fitoestrógenos chamados isoflavonas, que ajudam a reduzir os sintomas da menopausa, como ondas de calor e suores noturnos. O tahine é uma grande fonte de cálcio e ômega-6.

# berinjela recheada

Este prato fabuloso é fácil de preparar com antecedência – e ótimo para os dias corridos.

**4 PORÇÕES**

**PREPARO + COZIMENTO**
15 + 40 minutos

**CONSERVAÇÃO**
Prepare com antecedência e conserve na geladeira por até 3 dias.

**SIRVA COM...**
Molho de iogurte e hortelã (p. 114)
Vinagrete de manga (p. 66)
Bolo de maçã (p. 85)

**BENEFÍCIOS À SAÚDE**
Os pinholes, assim como as castanhas do pará, são fonte de proteína e contêm gordura poli-insaturada, que ajuda a manter baixa a taxa de colesterol. São ricos, também, em antioxidantes, em particular a vitamina E e o zinco – importantes para a pele, o coração e o sistema imunológico.

**2 berinjelas cortadas ao meio pelo comprimento**
**1 colher (sopa) de azeite**
**55 g de quinua**
**150 ml de Caldo de legumes caseiro (p. 18)**
**½ colher (chá) de cominho em pó**
**6 damascos secos picados**
**3 tomates secos em azeite escorridos e picados**
**1 tomate picado**
**1 colher (sopa) de hortelã picada**
**2 colheres (sopa) de pinholes (ou castanhas do pará)**

**1** Preaqueça o forno a 200°C. Coloque as berinjelas em uma assadeira, com o lado cortado para cima. Pincele com o azeite e asse por 20-30 minutos, até a polpa ficar levemente dourada e macia.

**2** Enquanto isso, ponha a quinua, o caldo e o cominho em uma panela. Deixe ferver, abaixe o fogo e cozinhe por 15-20 minutos.

**3** Tire a polpa das berinjelas, deixando a pela intacta. Pique a polpa e ponha no caldo junto com os damascos, o tomate, a hortelã e os pinholes. Distribua a mistura nas berinjelas. Asse por mais 10 minutos e sirva quente.

# legumes assados com dukkah

O dukkah, tempero egípcio feito com pistache, temperos e sementes tostadas, é um ótimo substituto do sal.

**1 cebola roxa cortada em quatro**
**2 abobrinhas em fatias grossas**
**1 berinjela pequena em pedaços**
**1 pimentão vermelho sem sementes em pedaços**
**2 dentes de alho amassados**
**4 tomates cortados em quatro**
**azeite, para regar**

**Dukkah:**
**4 colheres (chá) de gergelim**
**1 colher (chá) de cominho em grãos**
**1 colher (chá) de sementes de coentro**
**1 colher (chá) de sementes de mostarda**
**55 g de pistaches**

**1** Preaqueça o forno a 200°C. Coloque todos os legumes em uma assadeira, regue com o azeite e asse por 30 minutos.

**2** Para fazer o dukkah, ponha as sementes, os grãos e os pistaches em uma frigideira e toste levemente por 2-3 minutos, mexendo, até as sementes começarem a saltar. Coloque num prato e deixe esfriar por 2-3 minutos. Bata rapidamente no processador.

**3** Salpique os legumes com o dukkah e sirva.

**4 PORÇÕES**

**PREPARO + COZIMENTO**
15 + 30 minutos

**CONSERVAÇÃO**
Prepare o dukkah com antecedência e mantenha em um recipiente hermético por até 3 dias.

**SIRVA COM...**
Batatas com páprica e limão (p. 72)
Bolinhas de mirtilo e tâmara (p. 91)

**BENEFÍCIOS À SAÚDE**
O pistache é rico em minerais, incluindo cálcio e magnésio, que são bons para os ossos. Aliado ao gergelim, é uma ótima fonte de proteína, gorduras essenciais, vitaminas B e vitamina E, importantes para o coração, o cérebro e as células nervosas.

68

# tagine de legumes

Os legumes, as tâmaras e as amêndoas deste cozido marroquino são ricos em antioxidantes.

**4 PORÇÕES**

**PREPARO + COZIMENTO**
10 + 35 minutos

**CONSERVAÇÃO**
Prepare com antecedência e mantenha na geladeira por até 2 dias ou no congelador por até 1 mês.

**SIRVA COM...**
cuscuz ou quinua
Pão condimentado (p. 82)
Sorbet de laranja e romã (p. 136)

**BENEFÍCIOS À SAÚDE**
As amêndoas são muito ricas em vitamina E e zinco, importantes para a pele, podendo evitar eczemas, psoríase e dermatites. Elas também têm muito cálcio, além de gorduras monoinsaturadas e fitoesteróis, que ajudam a diminuir o risco de ataque cardíaco e a baixar o colesterol.

**1 colher (sopa) de azeite**
**1 cebola picada**
**3 dentes de alho amassados**
**1 colher (sopa) de garam masala**
**1 colher (chá) de canela em pó**
**suco de ½ limão**
**1 berinjela em cubos**
**1 batata-doce picada**
**400 g de tomate enlatado sem sal picado**
**400 g de grão-de-bico cozido sem sal e escorrido**
**115 g de tâmaras sem caroço cortadas ao meio**
**55 g de amêndoas tostadas**

**1** Aqueça o azeite em uma frigideira grande. Junte a cebola, o alho, o garam masala e a canela e refogue em fogo médio por 2-3 minutos.

**2** Adicione todos os outros ingredientes e misture bem. Deixe ferver, abaixe o fogo, tampe a frigideira e cozinhe por 30 minutos, até os legumes ficarem macios. Sirva quente.

# kedgeree com ovos de codorna

O arroz basmati tem um sabor amendoado e prolonga a sensação de saciedade. Se não encontrar ovos de codorna, use 2 ovos de galinha cortados em quatro.

**1 colher (sopa) de azeite**
**1 cebola picada**
**2 dentes de alho amassados**
**½ colher (chá) de cúrcuma**
**10 grãos de cardamomo amassados**
**1 colher (chá) de curry**
**300 g de arroz basmati**
**115 g de lentilhas**
**folhas de miniespinafre**
**8 ovos de codorna cozidos cortados ao meio**
**3 colheres (sopa) de folhas de coentro**

**1** Aqueça o azeite em uma panela. Coloque a cebola, o alho e os temperos e cozinhe em fogo médio por 2-3 minutos.
**2** Junte o arroz, as lentilhas e 750 ml de água e deixe ferver. Abaixe o fogo, tampe e cozinhe por 20 minutos, até o arroz ficar cozido. Adicione o espinafre e misture. Sirva imediatamente, coberto com os ovos e o coentro.

**4 PORÇÕES**

**PREPARO + COZIMENTO**
10 + 25 minutos

**CONSERVAÇÃO**
As sobras podem ser mantidas na geladeira por até 2 dias.

**SIRVA COM...**
Brócolis com gergelim (p. 70)
Sorbet de laranja e romã (p. 136)

**BENEFÍCIOS À SAÚDE**
As lentilhas são ricas em nutrientes que protegem o coração, como as vitaminas B, o ácido fólico, o selênio, o magnésio e o potássio. Possuem muito ferro e carboidratos lentos, o que aumenta a energia. Combinadas com arroz e ovos de codorna, proporcionam mais proteína.

# SOBREMESAS

Até as sobremesas prontas costumam ter uma quantidade impressionante de sal. Mas isso não significa que você tenha de evitar seus doces favoritos. As delícias caseiras apresentadas neste capítulo dão prazer sem comprometer o sabor. Dos Suflês de laranja e chocolate aos refrescantes Espetos de frutas tropicais, estas receitas certamente agradarão a todos. As sobremesas de frutas são, sem dúvida, a melhor opção para quem quer diminuir o sal da dieta – além de serem naturalmente ricas em potássio, que ajuda o corpo a se livrar do excesso de sódio, reduzir a retenção de água e baixar a pressão sanguínea, são deliciosas. Experimente, pois não se decepcionará.

91

# pudim de arroz com morangos

**4 PORÇÕES**

**PREPARO + COZIMENTO**
10 + 40 minutos

**CONSERVAÇÃO**
Prepare com antecedência e mantenha na geladeira por até 2 dias.

**SIRVA COM...**
Frango indiano (p. 106)
Vinagrete de manga (p. 66)
Pão condimentado (p. 82)

**BENEFÍCIOS À SAÚDE**
O morango é rico em vitamina C, que fortalece os vasos sanguíneos e o sistema imunológico, e contém ácido elágico, que protege as células da ação dos radicais livres. Alimento purificador, é especialmente útil para manter a pele radiante e saudável.

Se usar arroz integral nesta receita, você terá mais fibras solúveis para manter a energia.

**125 g de arroz basmati**
**900 ml de leite**
**raspas de 1 limão**
**½ colher (chá) de açafrão**
**1 pau de canela**
**4 colheres (sopa) de frutose**
**2 colheres (sopa) de água de rosas**
**8 morangos fatiados**

**1** Coloque o arroz em uma panela e cubra com bastante água. Deixe ferver, abaixe o fogo e cozinhe por 15 minutos, até o arroz começar a ficar macio.
**2** Escorra e recoloque-o na panela. Junte o leite, as raspas de limão, os temperos e a frutose. Espere ferver, abaixe o fogo, tampe e cozinhe por 20-25 minutos, mexendo de vez em quando, até o arroz ficar macio.
**3** Adicione a água de rosas. Distribua o pudim em tigelas e decore com os morangos. Sirva quente ou frio.

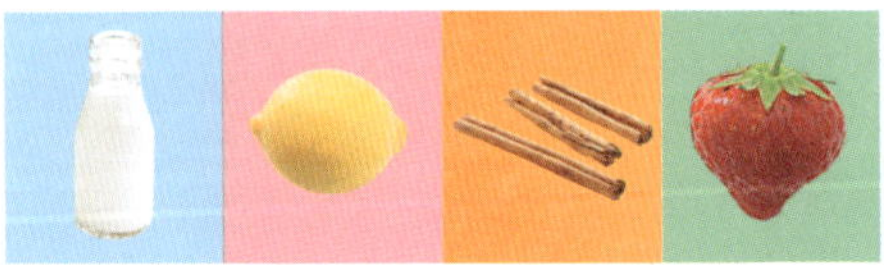

226

# pudins de pera

Este delicioso pudim leva peras secas, que são ricas em potássio, importante para o coração.

**4-6 UNIDADES**

**PREPARO + COZIMENTO**
15 + 30 minutos

**CONSERVAÇÃO**
É melhor consumir imediatamente.

**SIRVA COM...**
Frango com chermoula (p. 104)
salada mista
Batatas com páprica e limão (p. 72)

**BENEFÍCIOS À SAÚDE**
A pera é rica em vitamina C, potássio e fibras, importantes para o coração. Também contém ácido hidroxicinâmico, poderoso antioxidante que ajuda a combater os danos causados pelos radicais livres.

**150 g de peras secas bem picadas**
**250 ml de suco de maçã**
**1 pedaço de gengibre picado**
**1 colher (chá) de especiarias mistas**
**125 g de farinha de trigo com fermento**
**½ colher (chá) de bicarbonato de sódio**
**2 ovos batidos**
**6 colheres (sopa) de azeite, mais um pouco para untar**
**6 colheres (sopa) de leite**
**iogurte natural ou creme de leite fresco magro, para servir**

**1** Preaqueça o forno a 190°C. Unte e forre quatro ou seis forminhas de pudim e coloque-as em uma assadeira.

**2** Ponha numa panela as peras, o suco de maçã, o gengibre e as especiarias. Deixe ferver, abaixe o fogo e cozinhe por 1-2 minutos, até o suco engrossar e as peras ficarem macias. Espere esfriar.

**3** Coloque a farinha e o bicarbonato em uma tigela. Adicione os ovos, o azeite, o leite e a mistura de peras, fria, e mexa até obter uma massa consistente. Distribua-a nas fôrmas, cubra com papel-alumínio e asse por 20-25 minutos, até crescer e ficar dourada. Sirva com iogurte ou creme de leite fresco magro.

# cheesecake de limão e mirtilo

**BENEFÍCIOS À SAÚDE**
A ricota é excelente fonte de cálcio e tem muito menos gorduras saturadas e sal do que outros queijos.

Este delicioso cheesecake leva aveia e amêndoas, que são muito nutritivas, e tem uma leve e saborosa cobertura de limão. Esta fruta é rica em bioflavonoides, como a rutina e a quercetina, que, juntamente com a vitamina C, fortalecem os vasos sanguíneos, ajudando a evitar varizes e a melhorar a circulação.

**125 g de biscoitos de aveia sem açúcar com baixo teor de sal**
**3 colheres (sopa) de amêndoas moídas**
**55 g de manteiga derretida, mais um pouco para untar**
**1 colher (chá) de canela em pó**

**Cobertura:**
**2 ovos batidos**
**4 colheres (sopa) de frutose**
**450 g de ricota**
**3 colheres (sopa) de iogurte natural**
**3 colheres (sopa) de farinha de milho**
**suco e raspas de 2 limões**
**250 g de geleia de mirtilo sem açúcar**

**6-8 PORÇÕES**

**PREPARO + COZIMENTO**
15 + 50 minutos

**CONSERVAÇÃO**
Prepare com antecedência e mantenha na geladeira por até 4 dias.

**SIRVA COM...**
Salada de alcachofra (p. 59)
Pão de tomate seco (p. 80)

**1** Preaqueça o forno a 170ºC. Bata os biscoitos no processador até ficarem bem esfarelados. Misture as amêndoas, a manteiga e a canela. Unte levemente uma fôrma com fundo removível de 20 cm, forre-a com a mistura e asse por 15 minutos, até dourar ligeiramente.
**2** Coloque todos os ingredientes da cobertura no processador, menos a geleia. Bata até obter uma massa uniforme, disponha-a sobre a base da torta e asse por 30-35 minutos. Deixe esfriar na assadeira.
**3** Em uma panela, aqueça a geleia em fogo baixo por 1-2 minutos, até ficar levemente amolecida. Espalhe sobre o cheesecake e sirva.

**Para cobrir bolos e tortas, use frutas naturais, em vez de em conserva, para evitar o excesso de açúcar.**

94

# tortas de cereja e ricota

**4 PORÇÕES**

**PREPARO + COZIMENTO**
10 + 30 minutos

**CONSERVAÇÃO**
Prepare com antecedência e mantenha na geladeira por até 3 dias.

**SIRVA COM...**
Linguine com aspargos e frango (p. 65)
salada mista

**BENEFÍCIOS À SAÚDE**
A cor vermelha da cereja vem de seus poderosos antioxidantes, bons para o sistema imunológico, além de evitar doenças cardíacas e câncer. Aliados à vitamina C, eles fortalecem o colágeno, necessário para a saúde da pele e dos vasos sanguíneos.

Estas tortas fáceis de fazer são uma deliciosa sobremesa. Se não for época de cereja, use morango, amora ou mirtilo.

**28 cerejas sem caroço**
**250 g de ricota**
**2 gemas**
**3 colheres (sopa) de amêndoas**
**3 colheres (sopa) de geleia de cereja sem açúcar**
**azeite para untar**

**1** Preaqueça o forno a 180°C. Unte levemente quatro fôrmas de torta de 10 cm e coloque-as numa assadeira.
**2** Corte 12 cerejas ao meio e pique o restante.
**3** Bata no processador a ricota, as gemas, as amêndoas e a geleia até se formar uma massa uniforme. Adicione e misture as cerejas picadas e distribua a massa nas fôrmas. Espalhe por cima as metades de cereja.
**4** Asse por 25-30 minutos. Deixe esfriar antes de servir.

# suflês de laranja e chocolate

Este doce leve é rico em antioxidantes. É difícil acreditar que algo tão delicioso possa fazer tanto bem.

**100 g de chocolate amargo (com pelo menos 70% de cacau) picado**
**suco e raspas de 2 laranjas**
**60 g de amêndoas em pó**
**4 ovos separados**
**azeite para untar**

**1** Preaqueça o forno a 200°C. Unte levemente 6 ramequins.
**2** Coloque o chocolate em uma tigela refratária sobre uma panela com água quente, sem encostar a tigela na água. Mexa até derreter e deixe esfriar ligeiramente.
**3** Adicione ao chocolate o suco e as raspas de laranja, as amêndoas e as gemas e bata com um míxer até a mistura endurecer. Incorpore as claras delicadamente e distribua a massa nos ramequins. Ponha-os em uma assadeira e asse por 10-15 minutos. Sirva imediatamente.

**6 PORÇÕES**

**PREPARO + COZIMENTO**
15 + 20 minutos

**CONSERVAÇÃO**
É melhor consumir imediatamente. A mistura do suflê pode ser congelada, sem assar, nos ramequins. Se a massa estiver congelada, asse por 20-35 minutos.

**SIRVA COM...**
Frango assado com pesto (p. 105)
Abobrinha com limão e hortelã (p. 69)

**BENEFÍCIOS À SAÚDE**
O chocolate, especialmente o amargo com alto teor de cacau, contém antioxidantes chamados fenóis, também encontrados no vinho tinto, que protegem o coração. Além disso, tem feniletilamina, que produz uma sensação de bem-estar no cérebro.

96

# frutas vermelhas crocantes

**4 PORÇÕES**

**PREPARO + COZIMENTO**
10 + 30 minutos

**CONSERVAÇÃO**
Prepare a mistura crocante com antecedência e mantenha na geladeira por até 4 dias. Você pode fazer e gelar o prato algumas horas antes e assar próximo do momento de servir.

**SIRVA COM...**
Salada de erva-doce (p. 58)
Pão de tomate seco (p. 80)

**BENEFÍCIOS À SAÚDE**
As frutas vermelhas, especialmente os mirtilos, estão no topo da lista quando se fala da ação dos antioxidantes. Particularmente boas para os olhos, melhoram a visão noturna e protegem contra a degeneração macular e a catarata.

Esta deliciosa sobremesa é esplêndida, graças aos antioxidantes das frutas vermelhas frescas. Com sua cobertura crocante e supernutritiva, melhora a digestão e mantém a energia em alta.

**55 g de aveia em flocos**
**6 colheres (sopa) de germe de trigo**
**30 g de amêndoas picadas**
**2 colheres (sopa) de azeite**
**4 colheres (sopa) de sementes de linhaça**
**2 colheres (sopa) de mel**
**650 g de frutas vermelhas frescas ou congeladas**

**1** Preaqueça o forno a 200ºC. Coloque em uma tigela a aveia, o germe de trigo, as amêndoas, o azeite, as sementes e o mel e misture bem.
**2** Disponha as frutas em uma assadeira grande. Espalhe por cima a mistura crocante e pressione-a levemente.
**3** Asse por 25-30 minutos até ficar dourada e borbulhante. Sirva quente.

97

# peras pochées

A doçura e o sabor natural das frutas são realçados nessa forma de cozimento. Esta receita leva suco de uva, que, assim como o vinho tinto, tem antioxidantes, bons para a saúde.

**500 ml de suco de uva**
**1 colher (sopa) de mel**
**4 sementes de anis**
**4 peras inteiras descascadas**

**1** Coloque em uma panela o suco de uva, o mel e o anis e deixe ferver. Abaixe o fogo e cozinhe por 10 minutos, até engrossar um pouco.
**2** Junte as peras e cozinhe em fogo baixo por cerca de 15 minutos. Ponha-as numa travessa. Coe o líquido em uma tigela e regue as frutas com ele. Sirva quentes ou frias.

**4 PORÇÕES**

**PREPARO + COZIMENTO**
5 + 25 minutos

**CONSERVAÇÃO**
Prepare com antecedência e mantenha na geladeira por até 2 dias.

**SIRVA COM...**
Hambúrgueres marroquinos (p. 115)
salada mista

**BENEFÍCIOS À SAÚDE**
Assim como o vinho tinto, o suco de uva contém um antioxidante chamado resveratrol, que ajuda a proteger o corpo dos efeitos do envelhecimento. É rico em antocianinas, que fortalecem os vasos capilares e o coração. As uvas vermelhas contêm mais antocianinas do que as brancas.

98

# sorbet de laranja e romã

**BENEFÍCIOS À SAÚDE**
Comparado com outros sucos e chás, o suco de romã contém um dos mais elevados níveis de antioxidantes, incluindo polifenóis, taninos e antocianinas – importantes para fortalecer o sistema imunológico e proteger o coração.

Este lindo sorbet cor-de-rosa é rico em antioxidantes que combatem doenças – especialmente polifenóis, importantes para o coração, para a prevenção do câncer e para o retardamento dos efeitos do envelhecimento. As laranjas doces e o suco de romã contêm muito potássio, que é importante para regular os níveis de sal do organismo. Sirva esta delícia em elegantes copos de vinho e terá uma sobremesa de verão perfeita.

**400 ml de suco de romã puro, sem açúcar nem adoçantes**
**200 ml de suco de laranja fresco**
**raspas de 2 laranjas, mais um pouco para servir**
**5 colheres (sopa) de mel**
**1 romã cortada ao meio**
**4-6 ramos de hortelã**

**4-6 PORÇÕES**

**PREPARO + CONGELAMENTO (MÁQUINA DE SORVETE)**
5 + 30 minutos

**CONSERVAÇÃO**
Prepare com antecedência e congele por até 2 meses.

**SIRVA COM...**
Codorna assada (p. 108)
Salada de quinua (p. 62)
Biscoitos amaretto (p. 90)

**1** Coloque o suco de romã, o suco e as raspas de laranja em uma tigela e mexa bem.
**2** Ponha a mistura em uma máquina de fazer sorvete e siga as instruções do fabricante. Coloque o sorbet em um recipiente refratário e leve ao congelador até ficar consistente. Você também pode pôr a mistura em uma fôrma rasa e deixar no congelador até começarem a se formar cristais de gelo. Então, bata no processador para desfazê-los e leve de volta ao congelador até ficar firme.
**3** Com uma colher de pau, retire as sementes da romã e ponha numa tigela. Divida o sorbet nos copos. Salpique com as sementes de romã, as raspas de laranja e os ramos de hortelã e sirva imediatamente.

**As frutas cítricas contêm vitamina C e bioflavonoides – antioxidantes que ajudam a fortalecer as paredes das veias e das artérias.**

# figos grelhados

A fruta grelhada preserva seus sabores naturais.

**4 PORÇÕES**

**PREPARO + COZIMENTO**
10 + 17 minutos

**CONSERVAÇÃO**
Prepare o iogurte de mel e limão com antecedência e mantenha na geladeira por até 4 dias.

**SIRVA COM...**
Carneiro coberto com polenta (p. 113)
Batata-doce com mel e laranja (p. 71)
Abobrinha com limão e hortelã (p. 69)

**BENEFÍCIOS À SAÚDE**
O figo fresco é supernutritivo. Além de muitas fibras e potássio, contém serotonina, que ajuda a relaxar. O baixo consumo de alimentos ricos em potássio, especialmente se combinado a excesso de sódio, pode levar à hipertensão.

**8 figos**
**4 colheres (sopa) de mel**
**suco e raspas de 1 limão**

**Iogurte com mel e limão:**
**225 g de iogurte natural**
**1 colher (sopa) de mel**
**1 colher (sopa) de suco de limão**
**2 colheres (chá) de raspas de limão**

**1** Preaqueça o forno a 200°C. Para fazer o iogurte com mel e limão, coloque todos os ingredientes em uma tigela e misture bem. Cubra e deixe na geladeira até a hora de usar.
**2** Corte os figos em quatro, sem cortar a base, deixando-os intactos. Coloque oito pedaços de papel-alumínio em uma assadeira e ponha um figo no centro de cada um.
**3** Coloque o mel, o suco e as raspas de limão em uma panela e cozinhe em fogo baixo por 1-2 minutos, até a calda engrossar. Despeje-a sobre os figos e feche o papel-alumínio, formando oito saquinhos.
**4** Asse por 15 minutos até os figos ficarem macios. Divida-os em quatro pratos, regue com a calda e sirva com o molho de iogurte.

# espetos de frutas tropicais

Esta sobremesa exótica, rica em potássio, é uma ótima maneira de apresentar às crianças novos sabores.

4 PORÇÕES

**PREPARO + COZIMENTO**
10 + 4 minutos

**CONSERVAÇÃO**
Prepare o creme de maracujá com antecedência e mantenha na geladeira por até 2 dias.

**SIRVA COM...**
Macarrão oriental com carne de porco (p. 112)
Brócolis com gergelim (p. 70)

**BENEFÍCIOS À SAÚDE**
As frutas são uma grande fonte de potássio, que ajuda a regular o nível de água no organismo. A papaia e a banana são particularmente ricas nesse mineral. O potássio também contribui para que as células reajam à tiroxina, hormônio que controla o metabolismo.

**2 maracujás**
**5 colheres (sopa) de leite de coco light**
**1 colher (chá) de mel**
**1 banana**
**1 manga grande sem casca nem caroço**
**1 papaia sem sementes**
**½ abacaxi sem o miolo**
**azeite para untar**

**1** Deixe quatro palitos de molho na água por 30 minutos. Preaqueça a grelha em temperatura alta. Retire a polpa e o suco dos maracujás, coloque em uma tigela, junte o leite de coco e o mel e misture bem.

**2** Corte a banana, a manga, a papaia e o abacaxi em 8 pedaços cada um. Disponha-os nos espetos, alternadamente, e passe-os no creme de maracujá.

**3** Ponha os espetos em uma assadeira levemente untada e grelhe por 3-4 minutos, virando de vez em quando, até dourar ligeiramente. Regue com o restante do creme de maracujá e sirva em seguida.

# cardápios para 5 dias

## menu sem trigo nem glúten

Usando ingredientes frescos e saudáveis, é mais fácil eliminar o sal, o trigo e o glúten da sua dieta.

**Primeiro dia**

Café da manhã: Vitamina de abacaxi e abacate (p. 23)
Almoço: Wraps de frango (p. 50)
Jantar: Frango indiano (p. 106)

**Segundo dia**

Café da manhã: Blinis de trigo integral (p. 32)
Almoço: Salada de erva-doce (p. 58)
Jantar: Filés com molho de vinho tinto (p. 117)

**Terceiro dia**

Café da manhã: Bolinhos de painço (p. 31)
Almoço: Sopa de ervilha e alface (p. 46)
Jantar: Macarrão oriental com carne de porco (p. 112)

**Quarto dia**

Café da manhã: Compota de frutas (p. 26) com iogurte
Almoço: Bolinhos de pimentão e milho (p. 55) usando farinha sem glúten
Jantar: Truta grelhada (p. 102)

**Quinto dia**

Café da manhã: Feijão-branco condimentado (p. 36) com Tortilha mediterrânea (p. 37)
Almoço: Salmão com salada de feijão (p. 56)
Jantar: Tagine de legumes (p. 124)

# menu vegetariano

Este menu foi criado para fornecer todos os nutrientes de que você precisa ao seguir uma dieta vegetariana com baixo teor de sal.

**Primeiro dia**

Café da manhã: Muffins de aveia (p. 34)
Almoço: Sopa de tomate (p. 45)
Jantar: Berinjela recheada (p. 122)

**Segundo dia**

Café da manhã: Granola de frutas (p. 27)
Almoço: Tortinhas de alcachofra (p. 53)
Jantar: Legumes assados com dukkah (p. 123)

**Terceiro dia**

Café da manhã: Panquecas de mirtilo (p. 33)
Almoço: Beterraba assada (p. 68)
Jantar: Risoto com cevada e tomate seco (p. 120)

**Quarto dia**

Café da manhã: Mingau de maçã e canela (p. 30)
Almoço: Sopa de ervilha e alface (p. 46)
Jantar: Falafel com molho de tahine (p. 121)

**Quinto dia**

Café da manhã: Bolinhos de painço (p. 31)
Almoço: Bruschettas de abacate (p. 52)
Jantar: Curry de coco e batata-doce (p. 118)

# menu vegan

Este menu evita alimentos derivados de animais, incluindo carne, peixe, aves, ovos, laticínios e mel. Sempre que necessário, use leite, iogurte e queijos de soja, e, em vez de mel, calda de frutas.

**Primeiro dia**

Café da manhã: Pão com sementes (p. 84) servido com manteiga de amendoim
Almoço: Homus com pimentão (p. 42)
Jantar: Tagine de legumes (p. 124)

**Segundo dia**

Café da manhã: Compota de frutas (p. 26)
Almoço: Sopa de tomate (p. 45)
Jantar: Berinjela recheada (p. 122)

**Terceiro dia**

Café da manhã: Vitamina de abacaxi e abacate (p. 23)
Almoço: Salada de quinua (p. 62)
Jantar: Falafel com molho de tahine (p. 121)

**Quarto dia**

Café da manhã: Granola de frutas (p. 27)
Almoço: Salada de abacate (p. 63)
Jantar: Legumes assados com dukkah (p. 123)

**Quinto dia**

Café da manhã: Bolinhos de painço (p. 31)
Almoço: Sopa de ervilha e alface (p. 46)
Jantar: Curry de coco e batata-doce (p. 118)